ハイスペなのに選ばれない男子
美人じゃないのに選ばれる女子

幸せをつかみとる
婚活Lesson《レッスン》

金山恵美子
KANAYAMA EMIKO

幻冬舎MC

プロローグ

つい先日のことです。仕事の帰り道にふと目に入ったお洒落なカフェに立ち寄ったところ、店内はたくさんの男女で満員でした。お店の外で案内を待ちながら、私はなんとなく皆さんの様子を眺めていました。

どの男性も清潔感があり、今どきの優しそうな方ばかりです。女性の皆さんもまた、それぞれにお洒落をし、楽しそうにお話をしている様子がうかがえます。

仕事柄、私はカップルのお二人が今どんな関係にあるかが、ちらっと拝見しただけでも分かってしまいます。

今日がまさにはじめましてのお二人、まだ会って日が浅い様子のお二人、あるいはある程度時間をともにしてこられているだろうお二人……。

カフェにいる方々のうち、純粋にお互いが惹かれ合って正式にお付き合いを始め、いずれ幸せな結婚まで至るカップルは果たしてどれくらいいらっしゃるのだろう――ぼんやり眺めながら、私はそんなことを考えていました。

男女問わず、たとえどんなに外見が良くても、お互いに求める条件や価値観や性格そのものにズレがあったり、あるいはお付き合いの間にお相手とコミュニケーションがうまく取れなかったりして、交際自体が長続きせず結婚までたどり着けない人たちをこれまで多く見てきました。そんな私からすると、ご縁が結ばれることは奇跡に近い出来事なのだなと感じます。男女が出会い結婚するためには、自分に合ったお相手がそもそもどういうタイプの方なのかをよく考え、良い方と出会い交際に発展してからも、結婚に向けて正しいアクションを取り続けなくてはいけません。

私が運営する結婚相談所の会員さんのなかに、過去、マッチングアプリでの出会いと別れを幾度となく繰り返しご入会された男性がいました。その男性はいわゆるハイスペックな方で、マッチングアプリではそこそこ人気も高く、デートの取り付けには苦労しなかったのだそうです。それでも結局お付き合いは長く続かず、真剣な交際ができないまま1年以上が経ち、さすがに本気で結婚したいと考え、私の元へやって来られたのです。

また、とある女性会員さんはマッチングアプリでタイプの男性とマッチングできたにもかかわらず、いつまで経っても結婚できずにズルズルと付き合い続けたそうですが、最後はあっけなく破局してしまい、どうにかしたいと私の結婚相談所の門を叩かれました。

そのお二人ともが、なぜ自分が結婚できないのかがいまいちよく分からないと伏し目がちにおっしゃっていたのを覚えています。

ところがご入会後、面談を重ねつつ二人に適切なアドバイスをしていったところ、お二人とも半年もかからず無事に幸せなご成婚にたどり着くことができました。

ほんのちょっとの工夫や心の持ちようを変えるだけで幸せなご成婚につながるのに、そこに気づけずチャンスを逃し時間ばかりが過ぎていくなんて本当にもったいないことだと、私はお二人の活動を通して改めて感じました。

ご自身をアピールするためのプロフィールの書き方や、出会いから初デートの際のふるまい方、プロポーズに至るまでのちょっとしたコツやマインドセットの方法など……本書は多くの会員さんに寄り添いながら幸せなご成婚へとつないできた私がその成功事例を分析し、特に重要だと感じたポイントをレッスン形式でまとめています。

間違いのないお相手を探したい、互いに支え合って生きていける人に確実に出会いたい――。切なる思いを抱きながらもご自身の思うような婚活ができず戸惑いもがいている方々に、この本が少しでもお役に立ち、幸せの道標になればと心から願っています。

ハイスペなのに選ばれない男子　美人じゃないのに選ばれる女子　幸せをつかみとる婚活Lesson　目次

［レッスン５］

エピローグ

［レッスン1］

その出会いの方法、本当にあなたに合ってる？婚活の第一歩はふさわしい出会い方を知ることから

コロナ禍によって変わった男女の出会い

コロナ禍では人と人が直接出会う機会が減り、一時は学校や職場で異性と出会うことも難しくなりました。「自粛」ムードがあらゆる場所で徹底され、お祭りなどのイベントや成人式などの式典の中止も相次ぎました。しかしコロナ禍が収束し、オンライン授業やリモートワークが徐々にリアルに切り替わっても、リアルの場での人付き合いは以前のようには回復していません。

いろいろな業種でリモートワークが活用できることが判明し、それに合わせてこれまでの当たり前が変わってきました。

例えば会社主催の「飲み会」です。東京商工リサーチが2023年10月に行った調査では、コロナ禍前には忘年会、もしくは新年会を実施していた企業2760社のうち、実に4割近くの1039社がコロナ禍以降、忘年会や新年会を実施していない、今後もしない予定だと回答しています。

また、野村総合研究所が2023年12月に行ったインターネット調査では、依然として感染予防意識やマスクの着用に関する意識が根付いており、人との付き合いや交際費について減少したという回答が多くなっています。

人々の生活様式や価値観が変わり、コロナが収束したあとも職場や学校といったリアルな場所での男女の出会いは減っているのが現状です。

実際に、婚活パーティーなどを主催するリンクバルが2023年に行った調査によれば、「普段の生活で出会いがないと感じているか」という問いに対して、恋活・婚活中の男女2297名の94・8%が「とても思う」「思う」と回答しています。

婚活で悩む人が増えている

一方で、近年はSNSの普及も相まって、男女の出会いのツールとしてオンライン上で気軽に出会えるマッチングアプリが浸透してきています。

マッチングアプリを手掛けている「Omiai」が2022年、会員を対象に恋愛婚活ラボと共同で意識調査を行ったところ、Z世代で53%、26~40歳の59%が「マッチングアプリは当たり前の出会いの手段」だと認識していることが分かりました。

また、リクルートのブライダル総研による2023年の調査では、恋愛、あるいは結婚を考える独身者のうち、４人に１人がマッチングアプリを利用した経験があるというデータが示されています。

しかし、出会いの手段としてマッチングアプリを利用することは増えたとしても、「婚活」を前提に考えると、むしろ結婚自体のハードルは以前より上がっていると考えざるを得ません。マッチングアプリを使って全く知らない不特定多数の人から相手を選ぶというのは、真剣度が低かったり騙されてしまったりする可能性もあります。

そうかといって、これまでどおりのリアルな出会いから自然に結婚に至るのを待っているだけでは、出会いそのものが少ないし、そもそもお付き合いしてから結婚するまでどうすればいいのか分からないという人もいます。

「婚活を始めたくても何をどう始めたらいいか分からない」とか「○○のようなツールを利用していても結婚を前提としたお付き合いにはなかなか発展しない」といった悩みをもつ男女が増えているのです。

結婚にはノウハウが必要となっている

リアルでの出会いの機会が激減した現在、相手をどう見極めるかという点は非常に難しい問題です。コスパやタイパといった言葉が当たり前に使われていますが、婚活をする人たちは、結婚にもパフォーマンスを求めています。婚活や結婚後に苦労しないためには、相手の経済状況や仕事、結婚観をあらかじめ知っておくことが効率的であり、それならやはり専門家のアドバイスも受けられる結婚相談所がよいと思う人が相談に来るようになっています。

婚活を成功させるうえでのポイントはいくつかありますが、まずは信用できる相手と出会うことが大切です。その点では、結婚相談所に登録した人とお見合いをしてみる、というのを一つの選択肢に入れることは今の時代にフィットした考え方だと思います。

だからといって結婚相談所に登録さえすれば結婚できるのかといえばそうではありません。結婚相談所に登録した多くのライバルたちのなかから自分を選んでもらうためのプロフィールづくりに始まり、実際にお見合いをしたあとで交際を続けるための重要なポイントや、真剣交際から成婚に至るまでの注意点を頭に入れておくなど、せっかくの結婚できるチャンスを逃さないためにやるべきことはたくさんあります。また、一度や二度のお見合いでうまくいかないのは当然のことで、その際に自分の何がいけなかったのかを振り返り、失敗を次に活かすという学びの姿勢も大切になってきます。

これから、婚活を成功させるためにさまざまなレッスンをしていきますが、まずは婚活をするうえで現状のプラットフォームでいいのかどうかを知っていただくために、婚活ツールのリスクについて解説していきます。

【ステップ1】 婚活ツールのリスクを知る

マッチングアプリの普及によって、出会いのチャンス自体はたくさん増えました。とりあえず恋人が欲しいとなったとき、マッチングアプリはいちばん手軽な手段になっています。実際、私の結婚相談所に入って来られる人もほぼ全員が一度はマッチングアプリを経験しています。

確かに簡単に出会える場は恋人探しには良いかもしれませんが、本気で結婚相手を探すとなると気をつけたい面もたくさんあります。

「付き合おう」という甘い言葉は要注意

婚活では、誰もが安心で確実に結婚につながる出会いを期待しているはずですが、マッチングアプリでは経歴を詐称されても分かりません。

例えば、既婚者で単身赴任中の男性が独身のふりをする。こういった被害に遭った女性の話はこれまで何度聞いてきたか分かりません。あるいは、本当に高学歴で高収入というわゆるハイスペックな独身男性が、なかば興味本位でマッチングアプリをやっているケースもあります。

本命になる女性が見つかったらいいなという気持ちが多少あったとしても、婚活の本気度はというと正直そこまで高くはありません。ハイスペックな男性はとにかくアプリ上でモテますので、複数の女性と同時進行でお付き合いしているケースも多いのです。

問題は、そうした男性と本気で付き合っていると思い込んでいる人が多いということです。出会いの経緯がマッチングアプリであっても、交際がスタートするのは「付き合おう」という男性からの告白が、一つのきっかけになるケースは少なくありません。

「付き合おう」の5文字は、女性にとっては真剣に交際を申し込まれたという安心感につながる大切な言葉なのですが、遊び慣れした男性陣からすればその女性と簡単に身体の関係がもてる一種のおまじないのような文句になっているパターンもあります。そうした男性だと、そこには二人の将来を考えた責任感も残念ながらありません。彼らの甘い言葉の数々によって、女性の「この人と結婚したい!」という思いが一気に加速し始めます。

ところが、女性が結婚を意識する言葉を匂わせた途端、男性側は面倒くさくなって距離を置き始める……というのはお決まりのコースです。徐々に冷めていく男性の気持ちを心の片隅でうっすらと感じ取ってはいても、女性のほうはちゃんと付き合っていると思いたいがあまり、雑に扱われていても見て見ぬふりをしがちです。

そしてある日突然、男性側から連絡先もSNSもブロックされて終わってしまいます。遊び慣れた男性側は、女性に付きまとわれでもしたらたまらないと、跡形もなく姿を消します。結果的に「結婚前提で付き合っていた」という女性の一方的な思い込みで終わってしまうのです。

もちろん、男性にしても同じようなことがいえます。相手がどの程度の真剣交際なのかはしっかりと見極めなければなりません。

焦りは婚活において失敗の元

気持ちをもてあそばれて傷ついても、また同じことを延々と繰り返してしまう人が一定数います。

特にその傾向が強いのは、結婚願望が強めのアラサー・アラフォー世代の女性です。「次に付き合う人とは絶対結婚したい！」「こんなにつらい思いはもうしたくない。でも次こそはいい出会いがあるはず」という思いに突き動かされるのですが、結局同じことを繰り返してしまい、そのたびに徐々に自己肯定感が削がれてしまうのです。

日本人の初婚年齢は2024年で男性が平均31・0歳、女性が29・5歳ですから、ちょうどその頃に結婚を考える人が多くなります。また男女ともに焦りを感じ始める最初の時期となることが多いのは、学生時代の同級生や職場の同期が結婚し始める26、27歳前後です。

この時期に結婚相手がいない人は婚活サービスに希望を見いだすわけですが、そこでつい焦ってしまうと、痛い目に遭いかねません。たしかにアプリに登録する人のなかには、本当に結婚相手を見つけたい、本気の恋愛をしたいと思っている真面目な層も一定数います。ただ、本当にそういう目的なのか、それとも軽い気持ちで登録しているのか、あるいは既婚者のお遊びなのか、本当になかなか見分けがつかないのです。

［ステップ2］　相手の真剣度を知る

数字で見ると日本の婚姻数のうち約３割がマッチングアプリをきっかけに結婚しているというデータも存在するように（明治安田生命「いい夫婦の日に関するアンケート調査」）、もちろん、なにもアプリでは婚活ができないということではありません。要はきちんとした相手なのかを見極め、誠実にお付き合いさえできれば結婚のチャンスは十分あります。

ただ、出会ったきっかけがアプリであれ街コンであれ、友人の紹介であれ、適齢期の男女が交際を始める際には、相手に結婚を前提に付き合いたいという意思表示をきちんとしておくべきですし、相手の真剣度も知っておくようにする必要があります。

では結婚を前提に付き合っているというのは具体的にはどのような関係性かというと、その確認は割と簡単です。

その方法の一つは、お互いの誕生日とクリスマスを二人きりで会えて丸一日一緒に過ごすことができているかどうかです。この3日間すべてを一緒に過ごして初めて、お互い本命の彼氏、彼女と名乗っていいと思います。

本気で結婚したい相手なら、どんなに仕事が忙しくても大切な日や記念日には時間をつくって会うものです。どれほど多忙な人であっても、本命の相手とは少しでも時間をつくりますし、自ら積極的に会いにも行きます。そしていずれ近いうちに必ず結婚の話をします。

逆にそれがなされていない時点で、結婚の見込みは薄いと思ったほうがよいでしょう。

期限を設けて付き合ってみる

マッチングアプリで出会い、1~2年お付き合いして結婚する人たちは、かなりの恋愛強者だと思います。

無事に結婚にたどり着くそのようなカップルもいる裏側で、アプリで出会った相手と短命の恋愛を繰り返し、彼ら彼女らにとって大切な時間を1年、2年と無駄にしている人は非常に多くいます。

そうした人たち、特に女性に向けて、次にアプリで知り合って付き合うことになった相手には必ず確認してほしいことがあります。

それは、自分の年齢的に、次に付き合うのは結婚前提の人しか考えられないということです。そのうえで、例えば6カ月といった期限を設けてお付き合いをするといった提案をしてみるのも良いと思います。その期間内で、もし自分のことが結婚相手として見れないと思ったら、その時点で自分のことは気にせずさっさとリリースしてほしい、くらいの覚悟を伝えるのも良いでしょう。

一見ドライで自分勝手な申し出にも感じますが、婚活は真剣であるほど時間との勝負です。時の流れは早く、歳月は人を待ってはくれません。

婚活において、だらだらとお付き合いすることほど不毛なことはないのです。適齢期の人がマッチングアプリで出会った場合こそ、ちゃんと期限を決めてお付き合いをすることをおすすめします。

［ステップ3］　婚活のツールを変えてみる

婚活においては自分のプロフィールを相手に伝える必要がありますが、これについては信頼できるツールを使って登録し、相手に知ってもらうということも大切です。マッチングアプリは手軽に登録できて便利ですが、一方で自己紹介の情報の信用性は低くなります。あるアプリ上では、職業欄に「医師」と書いている男性の登録者数が、実際の日本医師会に登録している男性医師の総数よりも多いということがあったそうです。

例えば給与所得の記入についても、男性の場合アプリでは年収６００万円などと記入してもあまり評価されませんが、結婚相談所への登録では年収６００万円といえばかなりの好条件の一つになります。実際、国税庁「令和４年分民間給与実態統計調査」によると、35～39歳男性の平均年収は５４９万円です。マッチングアプリの世界に年収や職業区分が自称高収入の男性が多すぎるせいか、例えば大卒35歳で平均年収より上の６００万円台というサラリーマンの婚活男性がかすんで見えてしまうのはとても残念なことです。そのような男性が思い切って結婚相談所にツールを切り替えると、たったの3～4カ月という速さで成婚退会していくことは少なくありません。

また、数字だけで見れば見劣っていたとしても、きちんとした企業勤めで伸びしろがあり、清潔感とそこそこのコミュニケーション能力がある人ならば、マッチングアプリでうまくいっていないのは正直とてももったいないです。ちなみにマッチングアプリの男女比率は、現在男性が約7割、女性が約3割となっています。プロフィールはあくまで自己申告がほとんどのなかで、真面目な婚活男性は埋もれてしまい、なかなかうまくいきません。逆に女性は、女性というだけでいとも簡単に男性から「いいね」をもらえ、マッチングも非常に簡単なため、遊び慣れた男性の餌食になってしまう確率もそれだけ跳ね上がってしまいます。

マッチングアプリから結婚相談所に鞍替えした男性会員の多くは、結婚相談所のカウンセラーからのアドバイスをもとにプロフィールをポジティブな内容に変え、この人に会ってみたいと思わせるような内容に手直しし、写真もヘアメイクとカメラマンの手で格好良く撮り直すと、たいていお見合いの申し込みがたくさん入ってきます。

マッチングアプリの世界では鳴かず飛ばずであっても、自己プロデュースさえしっかりできれば、途端に人気会員となるのはよくあることです。婚活ツールを変えてみると、結婚の可能性を高めるだけでなく、自分の適正な評価を知ることもできます。

マッチング相手は自分自身を映す鏡

しかし一方で、婚活ツールを変えるだけで誰でもみなが良い結果に結び付くわけではありません。

ある日のこと、マッチングアプリで年下男性と出会いお付き合いをしていたけれどなかなか結婚に至らないと、35歳・大卒・年収700万円の女性が結婚相談所を訪れました。彼女がお相手に求める条件は、大卒もしくは大学院卒、見た目は清潔感があっていわゆるイケメン、年収は最低でも800万円かできれば1000万円以上で、なるべくなら5歳以上年下がよいと、なかなかハードルの高いものでした。しかし実際には、これだけの条件をクリアする男性で、わざわざ5歳以上も年上の女性を希望している人はほとんどいません。キャリアを積んできた女性を見ていると、どうしてもやや高望みをしすぎてしまう傾向があります。

これまで何事にも一生懸命取り組んできた女性でしょうから、プライドがあるのも理解できます。しかし勉強や仕事は一人でも結果が出せますが、恋愛や結婚は相手があってのものです。

結婚相談所であってもアプリであっても、マッチングできる相手は自分自身を映す鏡です。

アプリでは年下男性とマッチングし付き合えてきたとしても、それは、彼らの正真正銘の本命ではないからできていただけで、プロポーズされるかどうかは全くの別問題なのです。

お付き合いの経験が多くても結婚相手かどうかは別

結婚相談所は登録情報の信用度が高い分、データシステムが導く結果も正直です。

その35歳の女性は、ご自身が求める条件の相手とはなかなかお見合いが成立しませんでした。それまでマッチングアプリでちやほやされてきただけに、結婚相談所の活動をとおして婚活の難しさを改めて実感したと思います。厳しい見方をすれば、アプリにおいての彼女の言うモテたという経験は「いいね」をたくさんもらい、そのなかの誰かと数カ月交際をしただけのことです。

この女性は婚活を失敗したのでなく、やり方を間違い続けてきたといえます。このように、マッチングアプリは便利なツールではあるものの、大事なことを見誤らないようにする必要があります。

［レッスン2］

その理想、高すぎない？　低すぎない？
求める条件と自分の市場価値の差を
分析すれば婚活方針が決まる！

理想のパートナーはどのように見つけるか

婚活を成功に導くためには、自分を知り相手を知ることが重要です。ただし婚活の第一歩では、相手はまだ誰だか分からない状態です。自分は結婚相手に何を求めているのか、その希望条件を細かく洗い出してみることで、婚活の進め方は徐々に定まっていきます。

ここを曖昧にしたまま進めると方向性がブレてしまい、結果的に良いパートナーとの出会いが遠のいてしまいがちです。まずは自分が結婚相手に求める希望条件をすべて書き出してみてください。

身長、体型、年下や年上といった上限も踏まえての年齢、学歴や職業、年収といった基本的な条件に加え、理想とする性格や外見、アウトドア派かインドア派かなどといった細かな傾向、さらには生まれてくる子どものことを考えて顔や頭の良い人とか、生活レベルを下げたくないのでできればお金をもっている人だとか、たばこやギャンブルはしないなど一歩踏み込んだ条件まで、誰に見せるわけでもないのですから、自由に思いつくままいくつでも書き出してみることをおすすめします。

すると、理想のパートナーの姿がかなり明確に浮かんでくるはずです。

［ステップ1］　相手に求める条件をすべて書き出してみる

仮に、身長が１７５㎝以上のやや細身の体格で、年齢は32歳前後、大卒で転勤なしの企業勤め、かつ年収７００万円の温厚な男性があなたの希望条件だとします。では、その理想の男性から選ばれるために、逆にあなたが彼に与えられるメリットとは具体的にどんなことがあるか、そこも同時に俯瞰して考えてほしいと思います。

理想のお相手の希望条件がたくさん出てくるのは、実はあなただけではなく、そのお相手もまた同じなのです。

ほとんどの人は理想のお相手が望むであろう異性像を全くイメージすることなく、あるいは知ろうともせず勢いよく婚活にトライしてしまいがちです。良くも悪くもありのままの自分で勝負に挑むというわけです。実は理想のお相手が求める異性像と自分がお相手に与えられるメリットとでは結構な差があり、すでに不利になっていることにも気づかないまま婚活を始めるという方が少なくありません。

理想のお相手が望む異性のイメージと自分とを比べて、仮にかけ離れた部分があるのならば、その点をどうにか補うことを考えてみてください。その時、自分を客観視することができれば、自分に足りない部分が必ず見えてきます。年齢は変えられませんが、少なくとも見た目や肌の美しさ、また内面は努力次第で変えることが可能です。

自分を客観視することは、いわば自分自身の持ち味や武器にも気づくことができるということですから、むしろ現状の自分ならどれくらいのゾーンの異性と釣り合うのかを再考するきっかけにもなるため、決して無駄なことにはなりません。

婚活は自分がお相手を選ぶという意識ではなく、どうしたら自分が選ばれるかを頭に入れて活動することで、よりスムーズに進みます。

理想のお相手に求める条件を考えるとき、ご自身がそのお相手に何をギブできるのかも考え、自分の市場価値を客観視すれば、自ずとそれらが見えてきます。

またご自身では正五角形のバランスが取れた性格のつもりであっても、人から見たらそうでもないということは誰しもあります。人間である以上、誰もが何かしら凹凸があるものですし、あって当然です。優れた部分はそのまま伸ばせばいいですし、欠けている部分とどう向き合っていくかを考え、徐々に軌道修正していくことが、スムーズな婚活ではとても大事なポイントなのです。

欠けている部分を必死で取り繕い、無理しながらでも理想のお相手と結婚に至るのが幸せなのか、それとも、凹凸のへこんだ部分もすてきだから無理して変えずにそのままのあなたでいいと言ってくれる異性と結婚するのが幸せなのか、悩む人もいると思います。

しかし、人生は結婚後のほうがずっと長いわけですから、必死に努力して正五角形に見えるように取り繕っても、それを維持し続けるのはとても大変です。そういう二人の間には、癒やしや居心地のよさという、幸せな結婚には欠かせない要素は感じづらいでしょう。それならば、凹凸も互いの個性と認め合って、むしろ互いに足りない部分を優しく受け止め合い、お互いに尊重できるお二人のほうが幸せな結婚生活も長続きするように感じています。

理想のお相手に求める希望条件を書き出すことは、ご自身の内面と外見を改めて見つめ直すことができる良い機会です。自己分析がとても大事だという点など、婚活と就活は少し通ずる部分もあります。

［ステップ2］　ベストな自分をプロデュースし売り出す

自分を客観視することが大事な一方で、自分をよくプロデュースすることも大事なことです。

マッチングアプリでも結婚相談所であっても、膨大なデータからマッチングしたお相手となんとかデートに漕ぎ着けたけれど、第一印象でふるいにかけられてしまったり、ちょっとした些細な言動が理由で相手から却下されてしまったりすることは、残念ながらよくある話です。

せっかくマッチングできたのに自分の長所や魅力をアピールできないまま終了なんてもったいないように思いますが、実際のところ、男性の場合は身だしなみを整える習慣が女性よりも身についていない方が多く、残念ながら土俵に上がる前から試合終了を女性側の心の中で告げられていることも少なくないのです。

人は特に、婚活で出会った相手を減点方式で見てしまう傾向があります。付き合うだけなら甘めに相手を評価できても、あとのない婚活となればなおさらです。そのため、リアルで会ったときの第一印象は本当に大切にしなければなりません。挨拶を交わした瞬間「無理かも」と判断されないよう、せめて足切りされないための努力はすべきです。ただ、この足切り基準においては、最低限のことさえ気をつけておけばクリアできます。

婚活市場でモテるための大前提「清潔感」

当たり前のことですが、何はなくとも清潔感は男女ともにマストです。

ただし、女性が男性に求める清潔感はいろいろな種類があります。毎日お風呂に入って歯磨きしていればそれが女性の言う清潔感かというと、そういうわけではありません。爪がのびている、肌が荒れている、歯が黄色い、髪がセットされておらずぼさぼさなどはダイレクトに嫌悪感の対象になってしまいます。また、それと同じくらい体型、服装にも十分な配慮が必要です。女性は嗅覚も敏感ですから、口臭、体臭、過度な香水臭といった臭いへの配慮も必要です。

髪の毛はちゃんと整髪剤でスタイリングされているかとか、見ていないように思うところも、女性は会った瞬間無意識にチェックしています。ここ数年は特に美容男子が増えていますが、彼らにとってはスキンケアとともに眉毛の手入れなどは当たり前です。私の相談所の会員さんにも、歯のホワイトニングやヒゲ脱毛をされている男性が増えてきました。

そこまではできないにしても、例えば今まで散髪を1000円カットのようなお店で済ませていたなら、これからはヘアサロン（美容院）へ行ってみてください。初めて訪れたヘアサロンの鏡の前では誰もがまな板の上の鯉、まして、これまで自分の外見磨きを気にもかけてこなかったわけですから、どんな髪型にしたい？と聞かれたところで、どうしたらいいか分かりませんと答えたくなると思います。

でもそこで「婚活中なので、清潔感があって女性ウケする髪型にしてください！」と素直に明るく言える男性は、潔くて伸びしろがあります。その際に気をつけたいのは、同性が思うカッコよさと女性ウケするカッコよさが必ずしもイコールではないということです。ヘアサロンを予約する際は、なるべく男性スタイリストではなく女性スタイリストを指名したほうがいいように思います。確実にいまどきの女性に好まれる清潔感のあるヘアスタイルに仕上げてくれるからです。もしくはインスタグラムを利用して、今どきのヘアスタイルにしてくれるフォロワー数の多い男性スタイリストを指名するのもいいでしょう。「イメチェンカット　渋谷」などエリアで探してみるのもよいかもしれません。

長年愛用されてきた1000円カットや理髪店から、急にお洒落なヘアサロンへと足を運ぶ場所を変えることはちょっとだけ勇気がいりますが、実はとても簡単でいちばん手っ取り早い垢抜けの手段です。ヘアサロンは高いとか、女性に切ってもらうのはなんか緊張するなどと思って行かない時点で、希望する女性とマッチングする可能性は限りなく低くなると思ってください。

自分でできないことはプロに頼る

女性はネイルサロンに通ったり、まつ毛パーマ専門店に行ったり、自分磨きへの意識が男性と比較して圧倒的に高いです。その分、自分のファッションにこだわりをもっている方も一定数いらっしゃいます。ただ、婚活では不特定多数の男性にウケることが大事ですので、こだわりはなるべくいったんおき、広範囲の男性に刺さりやすい外見に寄せていくことがある程度は必要です。婚活における異性ウケする雰囲気、つまり誰か一人に刺さる見た目よりも、できればいろいろな人に選ばれるようないわゆる万人ウケしやすい雰囲気を目指すことをおすすめします。

そのためにプロのメイクレッスンを受けてみるのも一つの手ですし、パーソナルカラー診断や骨格診断をされているイメージコンサルタントの力をお借りして、ご自身に似合う色や骨格に合った服装を知り、そこに寄せていくこともおすすめします。見た目改善のプロたちが、その人の個性や好みを加味したうえでその人に似合った異性ウケしやすい洋服や色などをしっかりレクチャーしてくださいますので、使わない手はありません。

これは男女を問わずいえることなのですが、イメージチェンジは新たな自分と出会えて、なおかつ自己肯定感が上がる手っ取り早い垢抜けの方法です。

人によっては美意識が目覚めるきっかけとなり、もっときれいに、もっとカッコよくなりたいという意欲が婚活に前向きに取り組ませる原動力にもなったりします。

何より婚活市場において、異性ウケしやすい外見づくりは求める条件以上に重要なファクターになりつつあります。見た目をより良く変えることは、ご自身の市場価値をぐっと上げる最も効率的な方法です。

とはいえ、毎日鏡で見ているご自身の姿のどこにウイークポイントがあるのかなんて、自分ではなかなか気がつかないものです。その場合は第三者目線がとても有効ですが、ご本人に対して思い込みや思い入れの強いご家族やご友人の意見はどうしても贔屓目が入ってしまうので正直あまりアテになりません。

多少費用がかかっても、自分の改善すべき点を教えてくれるサービスをどんどん使うべきだと思います。

その際の注意点は、必ず信用のおける専門家にお願いするということです。ＳＮＳでたまに見かける怪しげな雰囲気の肩書きや経歴の信憑性に欠けるコンサルにはくれぐれも注意すべきです。「最強のナンパ師が非モテ男性をたった30日でモテ男へと変えます」といったキャッチコピーに吸い寄せられて課金したものの、かえって野暮ったくなるとか、電子マネーで先払い、しかも30万円の大金を振り込ませられ、その途端に連絡が取れなくなったという悪質なケースも聞いたことがあります。

「見た目を変えよう」と一念発起した決断を大切に、安心できる、かつ失敗のないイメチェンをしましょう。少しの勇気と投資で、あなたも大きく変身できるのです。

【ステップ3】 自分の市場価値を客観的に評価する

そもそも自分の市場価値っていったいどれくらいなのかというと、マッチングアプリであれば、概ね「いいね」の数が分かりやすい指標となるのかもしれません。私のもとへ相談に来られる方々を見ていると、自分の市場価値を高く見積りすぎている人もいれば、自己肯定感が低いがゆえに、いわゆるハイスペックな人にもかかわらずご自分の市場価値を低く見積りすぎている人もいらっしゃいます。

私がこれまで会員さんを見てきた限り、自分を適切に評価できていると思える方にはほとんど出会ったことがありません。多くの場合、皆さんが自己評価する市場価値と現実の市場価値には多少ズレがあると感じています。

よくあるケースは「私なんて」と思い込みすぎている自信の足りない女性です。こちらから見れば魅力的なところがたくさんあるのですが、謙虚さと自己肯定感の低さが表裏一体になってしまっているタイプの方も少なからずいらっしゃいます。

アプリでモテると、結婚相談所でモテるは違う

たとえマッチングアプリでモテていたとしても、結婚を前提としたお付き合いでは状況が変わってきます。特にアプリでモテる傾向にある女性は要注意です。

マッチングアプリでベンチャー企業の経営者や医師、弁護士と付き合ってきたので、自分は恋愛が得意だと入会時に自信ありげに話してくれた33歳の女性は、結婚相談所に戦場を変えた途端に冴えない年収の男性からしか申し込みが来ないと不満げな声を漏らしていました。

マッチングアプリの経験から、ご自身の自己評価が高すぎるゆえに、自分に見合っていないと感じ不満に思ってしまったようです。

この女性の場合、アプリではモテてきたのかもしれません。しかし、いずれの交際も結婚に至らなかったのは残念ながらどなたの本命にもなれなかったということです。一度もプロポーズされたことがないという時点でいろいろ勘違いしてきたことに気づくべきでした。とはいえ、このような方も決して手遅れというわけではありません。婚活ツールを変えたことを機に、自分の市場価値も見改め、同時に自分のアップデートを図りながら理想のお相手に近づけるような努力をしていけばいいのです。

彼女は、周囲を明るくする雰囲気があり陽気で前向きな性格の女性でした。当初はご自分の市場価値こそやや見誤っていましたが、お人柄は決して悪くありません。このままではもったいないとお伝えし、外見のアップデートを努力しつつお相手に求める条件の間口を少しだけ広げて申し込んでみることをお伝えしました。

当初は年収2000万〜3000万円の経営者の方ばかりにお申し込みをしていましたが、40代前半の男性をメインにし、年収1000万〜1200万円まで軌道修正したところ、結婚相談所でもやっとお見合いが成立し始めました。

婚活ツールを変えた当初に喪失した自信も取り戻し、そろそろ相手を絞って真剣交際に進むタイミングを決めなければと明るく話してくれました。

これまではジェットコースターのような恋愛ばかりしていたなと気付かされ、今の相手は一緒にいるだけで安心できて、結婚を現実的に考えられるようになったそうです。

彼女がにっこり微笑んだ時の表情が、最初に会った時とは全く違う、優しいものへと変わっていたのが印象的でした。


条件の間口を広げることは、簡単なようでプライドが邪魔をしてできない人がたくさんいます。改めて本当にその条件は必要なのかと考えてみて、そのうえで少しだけ間口を広げることが自分の市場価値やひいては自己肯定感をも上げることにつながります。

彼女のケースは、自分の市場価値を見つめ直した素直さと、条件を変更した柔軟性が功を奏した良い例です。婚活でサクッと成婚していく方は、男女ともにこうした素直で柔軟性が高いタイプが多いのです。

自分の市場価値はマインドにも左右される

さらに気をつけたいのはマインドのもち方です。特に自分のコンプレックスの取り扱いを間違えてしまうと、せっかくの市場価値をますます下げてしまいかねません。

例えば、若い頃から女性に雑な扱いを受けることが多かったという思いが根底にある男性は、これまでの人生で女性との関わりが少なく、年を重ねていくうちにどんどん卑屈さが増していってしまう傾向があります。いくら高学歴高年収であっても卑屈な男性はシンプルに嫌われてしまいます。

ほかにも、子ども時代に女子に馬鹿にされたなどのトラウマでうっすら女性に嫌悪感がある男性も、その子ども時代に遭遇した女子たちと、目の前の婚活女性は全くの別物だということをしっかりと認知し直す必要があります。また、振られ続けてきた理由を直視せず、そういった経験から毎回女性から値踏みされていると思い込んでいる人などは、自分の思考のクセから抜け出さないことには女性から良い印象を持ってもらいづらいままです。

仕事も年収も学歴も身長も似通っている二人の男性A君とB君がいるとします。A君は

B君より年収が200万円程度低いのですが、仕事に誇りをもっていて日々楽しそうです。一方のB君は仕事の話題になるといつも上司の愚痴を吐き、会社に行くのが本当にだるいというネガティブ発言ばかり口にしているとしたら、どちらかを選ぶとなったとき女性たちはほぼ全員がA君を選ぶでしょう。マインド面で優勢となったA君は、収入が低いにもかかわらずB君より圧倒的に婚活での市場価値が高くなるわけです。

家庭環境にとらわれない

さらに気をつけたい思考のクセの一つにいわゆる「他責思考」があります。

これは、問題が起きたとき原因が自分以外にあると考える思考で、こうしたマインドも婚活におけるご自身の市場価値を下げる原因になってしまいがちです。

「育った家庭環境のせいでこんな自分になった」

こだわりが強すぎたり、頑固になりすぎたりして婚活が思うように進まなくなったとき、あたかもその原因は家庭環境からくるものだといった様子で、浮かばれない身の上話をひたすら暗い顔で話す人がたまにいますが、実はそれこそが他責思考の典型です。

少々乱暴な言い方ですが、生育環境が本当に嫌ならば家を出ればいいだけなのに、そういう人に限って実家暮らしだったり、そういったしがらみを手放すことができない理由を必死で探そうとします。しかし、それは違うのではないかなと思います。学生なら仕方ないことですが、就職もしているのだから部屋を借りて一人暮らしをすれば、育った家庭の見え方が少しは変わるかもしれません。

何より生育環境に文句を言っている間は、自分以外の何かに責任を押し付けがちになります。今後、どんな出会いの場があったとしても、せっかくご縁があって出会えたお相手にさえ、きっと不満を抱くと思われますし、それでは当然婚活も前途多難になってしまいます。

皆さんがこれから築いていく家庭は、それまで過ごしてきた家庭とは全くの別物です。婚活においても人生においても、それに振り回される必要はありません。生まれ育った家庭にとらわれ続けることは自己肯定感を低くさせる要因にもなります。「私なんて」と自分の市場価値を見下すのはもうやめにしましょう。

そうすれば結果的に幸せな結婚生活を送ることができ、その日常における何気ないふとした瞬間に、ご両親によって自分がこの世に生を受けたことへ感謝できる日が、いつか必ずやってきます。

［ステップ4］　自分のメリット・デメリットを知る

理想とする相手に与えられる「僕・私と結婚するメリット」を10個、今すぐ紙かスマホに書き出してみてください。

サッと10個書けた人も4個ほど書いたあたりで手が止まってしまった人も、自分の良いところを日頃から探すようにしてください。書けなかった人はこれから徐々に自信をもってメリットを10個書けるように目指していけばいいだけです。

ちなみに、先にデメリットのほうが頭に浮かんでしまった人もいるかもしれません。その場合、まずは自分自身を許し、認めてあげることです。人はみな凹凸があって当たり前なのです。ご自身だけがでこぼこなわけではないから、大丈夫です。デメリットが10個見つかってしまった人は、それ以上のメリットを書ける人になればいいのです。

婚活では、この前向きさがとっても大事です。

以前、X（旧Twitter）で「あなたと結婚するメリットとデメリットを誰も見てないので10個書いてみましょう」というポストを投稿したところ、トレンドに入るくらい反響がありました。己を振り返り、意外と私いいじゃない！と前向きになってみたり、あるいはうーん、こういうとこあるよねと謙虚な姿勢になることもまた、ちょっと楽しい自己評価のつけ方の一つだと思います。

婚活では、自分自身の評価を知り、理想の相手に選ばれるために自分を高めていくことが大切です。そのためには、自分だけで悩まずときにはほかの人の手を借りる勇気をもってみてほしいと思います。

［レッスン3］

自分の魅力を最大限に引き立たせる！
思わず「会いたくなる」見た目と
「知りたくなる」プロフィールづくり

写真とプロフィール文で出会うための環境づくり

婚活は、当たり前ですが相手と出会えなければ始まりません。

マッチングアプリや結婚相談所の写真はそのための第一関門であり、このフェーズでできる限り大勢の人に刺さる写真にもっていくことが出会いの機会を増やすことにつながります。検索画面に上がってくる写真のなかから、いかにたくさんの異性に自分を選んでもらえるかが勝負です。

ですが、せっかく写真で選ばれてもプロフィール文の内容が冴えなかったら理想のお相手候補からはスルーされてしまいます。まずは理想のお相手に出会えるまでの土台づくりとして、写真とプロフィール文のクオリティを高める必要があります。とはいえ写真を加工しすぎたり、プロフィールで背伸びしすぎても意味がないので、その塩梅はなるべくプロの手を借りたほうがいいでしょう。プロフィール文作成の際は「自分と結婚するメリット」がさりげなく自然に伝わる内容を意識することが大切です。

［ステップ1］　思わずタップしてしまう写真をつくる

マッチングアプリなどは自撮りの写真を載せている人が多く見受けられますが、本気で勝負する気があるのかと思ってしまう写真も多々あります。暗い室内での自撮りや、だいぶ前のもの、コロナ禍に撮ったようなマスク姿では顔がよく分かりません。2～3年前の写真をいまだに載せているということは、よっぽど長くアプリのなかにいる人なんだろうなと想像させてしまいます。

男性でありがちなのは、どこかで食べたステーキやお寿司といった写真や、かなりたくさんのご友人と写った写真です。あえて載せる必要のない写真や、自分以外の人の顔を雑なスタンプで隠しているのを見ると、微妙だなと思ってしまいます。こうした写真の人たちからは残念ながら婚活の本気度が正しく伝わってきません。

逆に女性でとても多いのは、加工が激しいいわゆる〝盛りすぎ〟写真です。スマホに搭載されたカメラで撮らずに加工アプリを使った写真を載せているのですが、それが過剰すぎて実際に会った男性から「さすがに盛りすぎだろ」と思われてしまうケースが多々あるようです。

ほかには女性で女友達とのツーショットというパターンも割と見かけます。友人の顔はハートのスタンプなどで隠されていたりするのですが、この手の写真の女性はご本人の意図に反して遊びの対象に見られがちです。女性はかわいく撮れた写真がたまたま友人との写真だっただけだと思うのですが、男性は手軽で遊べそうな雰囲気を写真から感じ取ってしまうようです。

はっきりと顔の分かる写真をプロに撮ってもらう

プロフィール用の写真はメイン画像以外にフリーでいろんな種類の写真を載せられる、結婚相談所でいうところのカジュアル写真、マッチングアプリではサブ写真と呼ばれる写真枠があります。

そこには趣味に興じている写真や自分が作った手料理など、休日の過ごし方が良い感じで垣間見えるような写真で、その人の魅力を表現するためのものだと考えてみてください。容姿に自信がある女性が、うまく撮れた自分の写真を3枚連続で載せているのをたまに見かけますが、これは大切なカジュアル写真枠の無駄使いです。こうした女性は自己愛が強めと受け取られ、真面目な男性からは選ばれません。加工が過剰な写真や微妙な自撮り写真は、婚活においてはマイナスになります。

自分に似合う色やスタイルを知っておく

婚活写真は、その人がもつポジティブな印象や良い雰囲気はそのままにしつつ、いつも以上の自分を魅せることが重要です。そのためにも、自分自身に似合う髪色やメイクの色などは知っておきたいものです。相談に来る人の多くは、意外と自分では似合うと思っていた色が実は思い込みであったり、体型的に似合う洋服の傾向が分かっていなかったりします。

例えば自分は前髪がないほうが似合うと思っている人が、おでこが見える程度にさらりとした前髪を作ってきれいな眉を引き立たせることで、一気に垢抜けるなどはよくあることです。

婚活っぽい淡い色味が似合わないと思い込んで黒を好んで着てきたけれど、肌が白いかrらこそ写真撮影の際においてはあえて生成りではない純白のワンピースを合わせることで一気に透明感が出るなどもよくあることです。何はともあれ、第三者から見た自分の「似合う」を知ると一気に自信がもてるのでお勧めです。

以前ほかの結婚相談所で活動していた女性で、お見合い申し込み件数があまりにも少なく、私の相談所へと入会し直された人がいました。彼女はショートヘアとすらっとした体型が印象的でした。ショートヘアは万人ウケはしないと思いつつも、自分が体育教師という仕事柄、動きやすさなどから、ずっとショートヘアを続けてきたのだそうです。

前の相談所で使っていたプロフィール写真を見せてもらうと、黒髪を強調するかのようなやや重ためのスタイリングに、白いブラウス姿で、あまりにも生真面目な印象が先立つものでした。そこで髪の色を栗色にやんわりと染めて、毛先にはゆるくパーマをかけてもらいました。彼女の長所は首が長くて細いところなので、ショートヘアに少しだけほんのりとした色気を出すためにも、思い切って少しデコルテを見せたほうが品があってきれいだと思うと伝えると、襟ぐりの開いた服は着たことがないし恥ずかしい、と拒まれてしまいました。そこで肌が見えても下品にならないような、開いたデコルテ部分にしっかりとした品のある大ぶりの白い襟がついたワンピースを提案しました。それを着用した彼女からは、見えそうで見えない鎖骨からほんのり女性らしさが漂い、すっきりとした首回りをさりげなく際立たせることで明るい笑顔とそれに似合う優しいブラウンのショートヘア、そのすべてが調和した最高の写真を撮影することができました。

明るいトーンの髪色もゆるく巻いた毛先もデコルテの開いた服も全部、自分には一生縁がないものと思っていたと彼女は話していましたが、こうした新しい発見は一人ではなかなか難しいものです。

何よりよかったのは、お見合いの申し込みが右肩上がりで増えたことです。

服装に対する思い込みにも気をつけたいものです。婚活ではふんわりとしたシルエットのワンピースがいいなどと思われがちですが、時代は変わりつつあります。本当は着たくないようなふんわりした洋服を、婚活だから仕方ないと無理に着て撮影したとしても、その人が心からの笑顔を撮影において出せるわけがありません。例えば仕事重視の女性であれば、甘い雰囲気のシルエットより、すっきりとタイトなノースリーブのニットワンピースのほうが凛とした品のいい色気を演出することができ、より彼女の長所を引き出せることもあります。

ヘアメイクや写真撮影はプロの力を借りるのも一つ

先ほどのショートヘアの彼女は、カメラマンのほかに写真館専属のヘアメイクスタイリストも指名して撮影しました。撮影もメイクもプロ中のプロに任せたことでお見合いの申し込みがたくさんくる写真を撮影できたのです。

プロのヘアメイクスタイリストにお願いする場合、撮影で使用したメイクアイテムを教えてもらっておくと、婚活写真の再現が必要なお見合い当日やデート時のメイクの再現にとても役立ちます。アイシャドウはどんな色をどんなふうに重ねていったか、チークは頬のどの位置に入れるといいか、リップの色は……など、メイクのポイントやプロセスを写真や動画に撮っておく方もいます。眉毛の描き方一つでも印象が大きく変わりますから、髪型のスタイリングのコツも含めて、お見合いや初デート当日に限りなく写真のご自身を再現できるように、練習しておくとよいと思います。

私の経営する相談所をはじめ各結婚相談所では、カウンセラーが成婚へ導くノウハウを活かして写真撮影もサポートしているところが多くありますので、相談所を選ぶ際にはそういったサービスも組み込まれているところを選ぶのもいいでしょう。プロのヘアメイクはその人の魅力を最大限に引き出す魔法です。鏡の前で自分自身が美しく変身していく姿を目の当たりにし、男女問わず婚活への意気込みを新たにする様子を何度も見てきました。サポートしている会員さんのなかには、撮影で使ったメイクアイテム一式を買い求めてメイク練習に勤しんでいる方も少なくありません。

写真館でプロのカメラマンに撮影してもらうメリットは、その人がもつ良さを引き出したうえで、より魅力的に見えるように写してくれる点にあります。また、写真館での撮影は室内のイメージがあるかもしれませんが、外でのロケ撮影を行ってくれるところもあります。

ロケ撮影はリラックスした雰囲気のなかでナチュラルな表情を引き出してもらえるう

え、背景や自然の光加減も相まって男女ともにさらに魅力的な写真に仕上がります。プラスαの費用がかかる場合もありますが、ロケ撮影も行っている写真館をおすすめします。

近頃はマッチングアプリ用の写真を撮ってくれるフォトスタジオもあり、そういったサービスを利用することで、マッチングする率は高くなります。

女性に好印象の見た目をつくる

男性が写真撮影で表現すべきは、なんといっても「清潔感」と「爽やかさ」で、頭髪のセットは必ずしましょう。清潔感のあるツーブロックでさらっとおでこを出すなどして、いかにも仕事ができる感じに演出するのはもちろん、顔の印象を左右する眉毛のお手入れも欠かせません。眉毛はボサボサだと途端に野暮ったく見えますし、トレンドに逆行しているような細く整えすぎた眉なども婚活においては圧倒的に不利となります。

私のもとへ相談に来る男性には、写真撮影の前に美容院へ行く時に眉カットもお願いしてもらうよう伝えています。

普段から眼鏡を愛用されていらっしゃる男性も要注意です。眼鏡はフレームと顔とのバランス次第で、ダサくも知的にもなります。薄毛で顔の薄い男性は眼鏡が似合うケースも多いのですが、眼鏡をはずした顔のほうが女性ウケが良くなることが多いので、私の相談所では婚活の大事な場面ではコンタクトレンズの着用もお勧めしています。

コンタクトレンズがどうしても苦手という人は、この機会に長年愛用してきた眼鏡から、スーツに似合う眼鏡を選び直してみましょう。せっかく撮影する婚活用写真がいつもの眼鏡のためにフレッシュな雰囲気が損なわれてしまうのはもったいないので、ぜひ店員さんにお勧めを聞いてみてください。

スーツはシンプルなネイビーが最も間違いがありません。白いシャツとやや光沢感があるシンプルドットのブルー系ネクタイとの組み合わせは、奇をてらわない爽やかさが感じられ、どんな女性にも良い印象を与えやすいです。

私の場合は、さらにその人の職業の雰囲気が見え隠れするようなプロデュースもプラスしています。例えば外資系証券マンや商社マン、医師などの会員さんには普段から使っている腕時計をわざと着用していただき、レンガ造りのビルの壁面を背景に、腕組みポーズで撮影してもらうのです。穏やかな微笑みや、ジャケットの袖口からチラリとのぞく腕時計から仕事ができる感じが勝手に漂い、いわゆるハイスペックな男性といった印象に仕上がります。

一般企業勤めで年収500万円、30歳といった男性の場合は、同様の演出で撮影してもなんだか老けて見え逆に不自然になってしまうので、公園など緑の多い場所を背景に親しみやすい笑顔で撮影しています。清潔感と爽やかさに加え、優しそうな雰囲気、将来はいいパパになりそうな親しみやすい印象を出せるよう意識しています。

男性に好印象の見た目をつくる

女性は一般的には柔らかく、かつ品のある雰囲気が好まれます。婚活写真で表現すべきなのは「ひとさじの女性らしさ」と「ほどよいセクシーさ」、簡単にいうと、肌の色を少し多めに見せることです。

検索画面に一度にたくさんの女性が並んだとき、男性は視覚的に肌の色が多めの女性に目がいく傾向があります。それだけに、その方の肌見せの塩梅をどう表現するか、そのさじ加減がカウンセラーのセンスにもつながります。

例えば、首の詰まったブラウスやボタンを一番上まで留めた長袖シャツといった装いは肌色が顔のみとなってしまうので、写真をタップする男性の数は減る傾向があります。とはいっても肌の色多め＝肌の露出が多いというわけではありません。胸元が大きく開いたセクシーな洋服は品がなく見えてしまいますし、婚活市場の男性にはあまりウケがよくありません。

女性が嫌味なく肌を出せる部分があります。それが二の腕です。二の腕を健康的に出したノースリーブが、年齢を問わず婚活写真に好ましい服装であり、人気が高くなる傾向も強いです。女性は二の腕の太さを気にしがちですが、男性はそこまで気にしていません。また昨今は撮影後にレタッチ補整をしてもらえる写真館がほとんどです。気になるような ら修整をお願いする際に「二の腕を少しだけ細く」とお願いしてみると良いと思います。過度な加工は結婚相談所の写真においてはルールやマナーとして好ましくはありません。ただ、色調の補整ですとか、多少の修整は活用すべきだと思います。

今、婚活市場のトレンドはノースリーブワンピースもしくはノースリーブニットとスカート合わせの二つがメインとなっています。2～3年前まではノースリーブかフレンチパフスリーブのブラウスに明るい色目のスカートの組み合わせが基本でしたが、最近は結婚相談所がアレンジするお見合いの場でも多くの女性がワンピーススタイルです。シンプルなワンピースは女性の清楚な美しさを際立たせる効果的な装いであり、実際、ワンピースが嫌いと言う男性に私は会ったことがありません。

ただ、大げさな花柄や幾何学模様といった柄物は個性を主張しすぎるのでNGです。淡い色調やパステルカラー、あるいはネイビーやホワイトなどの品がありつつもはっきりした色調など、自分に似合うワントーンのもので探してみるとよいと思います。

私がプロデュースする場合、この方はボディラインを出したほうがいいなと思えば、同じノースリーブであっても身体のラインがきれいに見えるやや薄手のニットワンピースをおすすめすることもあります。バストやヒップのラインが過度に強調されすぎない塩梅を見つつ、あえて外でロケ撮影してほどよい品のある色気と爽やかさを同時に演出しています。

洋服は地味な色ばかりですというタイプの女性には、あえてフレッシュなオレンジなど明るい色のノースリーブワンピースを着てもらうこともあります。大事なことは、どんな方にも清潔感や品をプラスするための洋服が必ず存在するということです。最低限、自分に似合う洋服の色や形の傾向は把握しておくといいと思います。


髪型は、やはり男性は、ショートカットとロングヘアどちらを好むかといったら、ロングヘアのほうを好みます。ただショートヘアであっても、その人の雰囲気に似合ったショートボブや女性らしいくびれがあるショートヘアであれば大丈夫です。逆にロングでも長すぎる髪や、モードな印象が強いストレートの黒髪は敬遠されがちです。ショート、ロングにかかわらずどちらかといえば明るめの髪色で、ほんの少しゆるく巻きの入ったナチュラルな雰囲気のほうが男性ウケはしやすいです。

最近の女性はメイク上手な人が多いです。自分の肌トーンがイエローベース（アクセサリーはゴールドが似合う肌）なのかブルーベース（アクセサリーはシルバーが似合う肌）

なのかを知っている方も多くなりましたし、テクニックを駆使して自分の魅力を引き出す雰囲気に仕上げることを心がけている方もたくさんいます。今はテクニックを公開しているメイク動画もたくさんありますから「男性ウケするメイク」などと検索して参考にするのも良いと思います。

アクセサリーについては大ぶりでインパクトのあるデザイン系のものはおすすめしません。婚活用写真といっても、いわばパスポート写真と同じです。例えば、ご自身らしさや個性をプラスするといった意味合いで、ワンピースと相性の良いプチネックレスをつけていらっしゃる方は多いです。また、顔周りを明るく見せる揺れる感じのプチピアスや、一粒ダイヤもしくは小さめのパール系のピアスを身につけるのも、ゆるめカールのヘアスタイルと同様にひとさじの女らしさをプラスすることができます。

余談ですが、女性はなるべく細く見せたいという気持ちが時代とともに加速しています。しかし、あまり痩せすぎていても男性ウケしません。結婚相談所のデータでは身長は2㎝刻み、体重は5㎏刻みで表示されます（プロフィールでは身長も体重も公表するのです)。

体重が40kg以下となると、それだけで申し込み数がぐっと減ってしまいますので、身長が150㎝以上ある方で39kg以下の方はいったんカウンセラーにご相談されてみると良いと思います。身長の高い低いにかかわらず、一般的に男性は体重45~55kgくらいの女性を好む傾向があります。

一人に刺さるより万人が好感を抱く婚活写真を

何度も繰り返しますが、婚活のすべては写真から始まります。検索画面で選ばれたら、マッチングアプリでは初デートが、結婚相談所ではお見合いが待っています。つまり初めて会う相手にとって「いいな」と思ってタップした婚活写真だけが、リアルなご本人を判断する基準となるわけです。デートやお見合いの場にその写真の姿をなるべく再現して登場しなかったことで、二度目のお誘いがなかったというケースは往々にしてあります。

婚活用写真は、ノリと勢いだけではどうにもならないという側面があるのは間違いありません。ご自身の今後の運命を大きく変える一枚になることを肝に銘じて、自分史上最高の写真を用意しましょう。

狙うのは、ニッチな層のみに刺さる写真より、できるだけたくさんの男性の目に留まる写真です。男性はあらゆる女性から申し込まれるような、女性は多くの男性に「すてきな人だな」と思ってもらえるような渾身の一枚、また自己肯定感が上がる写真を撮影しましょう！

［ステップ2］　会ってみたくなるプロフィール文をつくる

プロフィール文もまた、写真と同じように婚活市場において自分を売り込む最大の武器の一つです。文章の出来栄えが写真と同様に、お見合いや初デートが成立するか否かの命運を左右します。

私は以前、副業でマッチングアプリのプロフィール添削をやっていたことがあります。驚いたのはほとんどの人がなんの戦略も立てずにひたすら自分の好きなことや趣味などを長々と書いていたことです。つまり他者目線からすれば、お相手ありきなのに、誰に対してもなんの営業もかけられていないという状態なのです。

自分の好きなことをただ羅列しているだけで、どのような仕事をしていてどんな時にやりがいを感じ、どのような結婚がしたいのか分からない文章が多くてびっくりしてしまいます。それにもかかわらず、男女ともに「ありがとう、ごめんなさいがちゃんと言える人」とか「話し合いができる人を希望します」などお相手への要望だけはしっかり書いてあるのを読むと、自分語りが好きで、人の気持ちに寄り添えない人なのだなと思われてしまっても仕方ありません。

「ありがとう、ごめんなさいが言える人」を希望される方は、お相手にごめんなさいを言わせたいタイプの方が多い印象があります。そして「話し合いができる人」と書いてある方は、そもそも自分自身が穏やかかつまともな話し合いができないから、お相手にそれを無意識に求めている方が多いと感じます。

なかには「見た目より若く見られます」とか「俳優の○○に似ているとよく言われます」などと書いている人もいますが、そういった自己紹介はマイナスになるのでやめたほうがよいです。

女性で気をつけたいのは、とにかく一方的に結婚願望を出している方です。もちろん、実際に結婚願望が高いことが悪いわけではありません。ただ、とにかく結婚したいだけの人と受け取られ、お相手に対して何を与えることができるのかを考えていないような自分勝手な印象になってしまうケースも実は多いのです。このような場合、登録しているマッチングアプリ次第では「結婚を前提に付き合おう詐欺」のような男性や、紛れ込んでいる既婚男性に遊び目的でロックオンされてしまいます。彼女たちもまた、そんな彼らにすぐに騙されてしまうケースが多いので、本当に良くありません。

間違いだらけのプロフィール文では出会いの土俵に上がれない

プロフィール文はいわば運命のお相手に向けた最初のプレゼンです。ご自身と結婚するメリットをさりげなく忍ばせつつ、安心感を与えるような印象、さらにはこの人と会ってみたいなと思われるような興味も抱いてもらう必要があります。

お見合いや初デートでは会話のベースにもなりますから、関心を引くようなお話をご自分の言葉で心を込めて丁寧かつシンプルに書くことが大きなポイントです。

私はこれまでに本業と副業を合わせて1000人以上の婚活プロフィール文を作成してきましたが、成婚率のアップにつながるプロフィール文とは、分かりやすく、バランスよく内容を4つに分けた文章ではないかと思っています。

①仕事について
②性格について
③休みの日の過ごし方や趣味
④結婚観

この4つのパートを中心に、段落ごとに内容を書き分けてうまくまとめるように意識しています。

①「仕事」の書き方のポイント

よくやってしまいがちで残念なパターンは、社内もしくは業界内で使われる専門用語を書き連ねて、数行程度で終わってしまう文章です。特にＩＴ関連企業に勤める男性や研究開発系、システムエンジニアの男性はその傾向が強いです。「テックネイティブをターゲットとした新しいＩＴデバイスを開発しています」などと書かれると、お相手に分かりやすく伝える気持ちが感じられず、客観視できるサービス精神が足りないなと感じられてしまいます。

プロフィール文における仕事についての内容や価値観は、異性から選ばれるための一つの関門でもあり、初デートやお見合いでの会話を盛り上げる最も重要なファクターなのです。自分が今の仕事に興味をもった理由や、どんな部署でどのような案件を抱え、それに対して自分は今、どのようなことに喜びや働きがいを見いだしているのか、そこまで書けていれば、その人となりに興味が湧いたり、いざデートとなったときにもすんなり会話が膨らみやすいです。

②「性格」の書き方のポイント

自分で書く性格はあくまでも自分の評価でしかありません。長々と書いてあったところで、実際に会ってみないことには何も分からないものです。自己アピールだけでなく、他者からどう見られているかを意識して書くことをおすすめします。

「周りの方々からは穏やかで話しやすいなどと言われることが多いです。自分自身では前向きで寛容なところが長所かなと思っています」

といった感じで、まず他者からどう思われているかをメインで一行、次に本人が思う自分の長所を二言まで、語尾は「です」と言い切らず「長所かなと思っています」と柔らかな表現にすることで、やや謙虚さを感じる文面にすることができます。

性格の表現は書き方次第で受け取り手からの印象が変わります。例えば「真面目」というのは長所ではありますが、その半面「こだわりが強い」「柔軟性に欠ける」といった、若干堅物のような印象にも受け取られてしまいかねません。性格を表す言葉には、このような表裏一体の特性をイメージさせるものがありますので、上手に変換することがポイントです。「真面目」であれば「コツコツ継続することが得意」などと変換するほうが良いでしょう。

③「休みの日の過ごし方や趣味」の書き方のポイント

休日の過ごし方は主に、インドア派かアウトドア派かの2パターンです。家でのんびりするのが好きか、外に出てアクティブに動くのが好きなのかということになりますが、婚活市場はより多くの人から共感を得なければいけませんから、どちらか一方に偏りすぎないよう、どちらもバランスよく取り入れることがポイントです。

私は男女を問わず休みの過ごし方の一つとして、さりげなく家事能力をアピールすることをお勧めしています。例えば一人暮らしの男性ならば「週末はまとめて洗濯をしたり、あまり得意ではないですがアイロンがけなども行ったりしています」。こうした一文は、共働き希望の女性にとても刺さりやすいです。

最近は料理男子が増えていますが「なるべく自炊を心がけている」という文面も結婚のイメージにつながるキーワードとなります。結婚生活と日々の食事は切っても切り離せません。よって男女ともに自炊を心がけていることが書いてあると好ましいですし、実際に調理したメニューをサブ写真（結婚相談所ではカジュアル写真）に載せておくだけでも、かなり良い印象を異性に与えることができます。デートやお見合いの際もそこから話題が膨らむことがあるでしょう。

自炊の頻度は「なるべく」と書くことでボンヤリさせましたが、ボロが出ることもあります。これは私の会員さんの初デートでの経験談なのですが、お相手から「自炊されるのですね。どういう料理を作られるんですか？」と聞かれても、いざ具体的に聞かれるとアワアワして答えられなかったとのことです。肝心の場面で慌てないためにも、一度でも作ったことのある料理を3品ほどリストアップしておくのが得策です。私の相談所では「なるべく自炊を心がけています」のあと「得意料理は煮込みハンバーグや具沢山の豚汁です」などというふうに、具体的なメニューをなるべく一行添えていただいています。逆にできないしたくないという方は、さすがに嘘は書けないので、自炊という言葉を使わずに作成していますが、どうしたって共働きの時代、家事に一切触れていない方が不安視されやすいという事実はあるかと思います。

実際のところ、仕事で忙しい独身男女で毎日自炊しているという方はほとんどいらっしゃらないと思います。大切なのはリアリティよりもキッチンに立つとこれぐらいのことができるという印象やイメージを自然に想像させられることなのです。

私は、同じものが好きだとか同じ趣味嗜好だからといって、それが直接結婚のきっかけになったというお二人をこれまでほぼ見たことがありません。ただ趣味の欄は、いざデートになったとき、会話の取っ掛かりにはなります。偏りすぎず、なおかつ無難になりすぎないラインナップを心がけるのがいいと思います。

旅行にまつわるエピソードは男女を問わず興味関心を引きやすく、趣味を列挙するよりももっと純粋にその方の人柄や価値観が現れるトピックです。無理にひねり出さなくても最近行った旅行の思い出でOKですし、今までの人生において一番印象に残った旅先などを書けば、よりご自身の価値観が嫌味なく異性に伝わりやすくなります。

例えば「屋久島で小雨の降るなか約5時間歩き続け、ようやく縄文杉にたどり着けたときにはまるで細胞から生まれ変わるような神秘的な感動を得た」「ニューヨークでさまざまな人種の方と接するなかで自分らしく生きることの大切さを感じた」「のんびり温泉旅行をし、その土地のおいしいものに舌鼓を打つ瞬間が幸せ」などなど……。

旅のエピソードをとおしてその人となりがより明確になるため、プロフィール文を読んだ人に安心感をもたらすことができます。

④「結婚観」の書き方のポイント

結婚観というものは普段あまり意識しないことかもしれません。

私が理想の結婚とはどのようなものかと会員の皆さんに質問すると、お互いにある程度収入があってとか、相手の見た目はこういう人がよくて……という回答が返ってきます。では、どのような家庭を築きたいかと尋ねると、平和で穏やかな家庭とか、ちょっとしたことでも笑い合える家庭、夫婦二人でもいつか家族が増えても変わらずに笑顔あふれる家庭といった思いを男女ともに率直に聞かせてくれます。

それこそが結婚観なのです。そのままの素直な気持ちを書いてください。ここで書くのは結婚に抱く素直な気持ちであって、結婚へのこだわりではありません。こだわりが強そうに感じる文章はダメです。

プロフィール文は相手に興味をもたせる仕掛け

婚活写真は、お相手から興味と、会いたい気持ちを最も簡単に引き出せる大事なものです。そしてプロフィール文は、自分と結婚するメリットをさりげなくほのめかし、自然と押し付けがましくなくお伝えできる武器です。この二つの相乗効果が出会いの確率をぐっと押し上げますので、自分の魅力を最大限に、しかし決して「盛る」ことをせず、うまい具合に引き立たせることが鉄則です。

実際にデートやお見合いに進んだとき、相手が何か興味をもって質問したくなるようなことを、プロフィール文の隅々に散りばめておきましょう。

余談になりますが、結婚相談所ではカウンセラーが婚活写真をプロデュースしているほか、プロフィール文の添削もサポートしているところが多いです。加えて、カウンセラーが自社会員を推薦するためのカウンセラー紹介文というものも存在しますので、その三つを武器に会員さんたちは婚活に臨むことができます。ここだけの話、私はプロフィール文以上にカウンセラー紹介文に命を懸ける派です。カウンセラー紹介文は、いかに会員さんの魅力を打ち出せるかどうかが決め手になります。私が大切にしているのは、読んだとき「この人なら会ってみたいな」と思える紹介文をつくることです。会員さんとの何気ない雑談をとおして感じた人となりや魅力、また雑談のなかで彼ら彼女らが放ったきらりとした言葉や表現をそのまま言語化しています。

「お休みの日は大好きなラーメン巡りをしたり（お勧めは銀座の○○、新宿の○○などだそう）、のんびりご自宅でYouTubeやアマプラなどをご覧になっていることが多いそうです。

得意料理は餃子、タケノコ入りハンバーグ、グラタンとのこと。

また、大学時代にアメリカに留学されたときは毎日現地の食材を使って自炊されていたのだそうです。

海外のご友人たちに、現地のサバやサーモンを使って巻き寿司などを作ってあげると皆さんとても喜んで食べてくださったとのこと、その時に仲良くなった方々とは今も時々連絡を取り合う仲なのだそうです。

長期休暇が取れた際には旅行へ行くのがお好きとのこと。

旅先で最も思い出深い場所は『卒業旅行で行ったフランスのパリです。大都市なのにきれいな景色とか建築物が自然と調和していてすごく好きな場所でしたね』と優しく微笑んでおっしゃっていました。

お相手の方とは、ゆっくりと国内の温泉などを旅して互いに非日常感を感じながらリラックスできたらいいなぁと思いますと柔らかな笑顔でおっしゃっていました」

こうしたカウンセラー紹介文はお見合いのお申し込みをサポートするだけでなく、会員さんご自身のモチベーションアップにもつながります。

真剣交際にたどり着くまで何度も婚活を諦めそうになった会員さんが、くじけそうになった時に私の書いたカウンセラー紹介文を読み返して自信を取り戻したと話してくれることがありますが、私も一カウンセラーとしてやり甲斐を感じる瞬間です。

口を酸っぱくして申し上げますが、出会いの機会をできるだけたくさん作り出すためにも、婚活写真とプロフィール文の作成は、その後の出会いの運命を変えるという意識をもって真剣に取り組んでほしいと思っています。

［レッスン4］

男子は全力でエスコート、女子は最高の笑顔と愛嬌《あいきょう》で！「もう一度会いたい」と思わせるファーストインプレッション

「写真と印象が違いました」では絶対終わらせない

婚活写真とプロフィール文を完璧に整えたら、ようやくマッチングしたお相手とのお見合いやデートへ進みます。初めてお相手に会う日は、男女とも写真とほぼ同じ印象の服装で、限りなく近いヘアスタイルとメイクで臨んでください。

お相手も、写真のあなたに会えると思って気合を入れて会いに来てくれます。それだけに、待ち合わせ場所にいるお相手の雰囲気が写真からかけ離れていたらがっかりされてしまいます。

結婚相談所では、お断りの理由の欄に「写真と印象が違った」という選択肢がありまます。それほど第一印象は重要です。そんなことで貴重な出会いの芽を摘まないためにも、初めて会う日は婚活写真の再現に力を尽くしましょう。お見合いの場合、男性には写真撮影時と同じスーツとネクタイ着用でとお伝えしています。

それくらい、写真とイメージが違った場合のお相手の気持ちの挽回は難しいものがあります。

［ステップ1］ 初めて会う日は限りなく写真のご自身を再現する

言うまでもありませんが、待ち合わせ場所へは約束時刻の10分前には到着をしてほしいと思います。そこで気をつけたいのは、そのときの待ち姿（姿勢と仕草）です。お相手はどこからあなたを見ているか分かりません。椅子に猫背で腰掛けて足を組み、スマホの画面を覗き込んでいるような人を結婚相手にしたいと思う方はいないはずです。

お相手が見つけやすい場所で背筋を伸ばし、凛とした表情で待っている姿は男女ともにすてきです。人の第一印象は5秒で決まるといいますが、それは「はじめまして」と挨拶を交わす瞬間ではなく、実は待ち合わせの瞬間だったりするのです。どこから見られても恥ずかしくない立ち居振る舞いを心がけたいものです。

念のための説明ですが、マッチングアプリでは相手とマッチングし、メッセージをやりとりしたのち初デートに進みます。一方、結婚相談所では初デートまでにいくつかのステップがあります。まずはどちらかのお申し込みでお見合いが成立したら、双方担当者のセッティングのもとでお見合いを行います。そこで二人とも「また次も会ってみたい」場合は、初めてプレ交際が成立します。

プレ交際が成立後はなるべく1週間後、遅くとも2週間後までに初デートを行うようにしていただいています。

もしもプレ交際に進むかどうか自分の気持ちに迷いが生じたときは、心にこう聞いてみてください。

「この人と会うために、もう一度ちゃんとした格好をして、身なりを整えて一緒にご飯を食べたいかどうか」

なんか面倒くさいなとか、そこまでして会いたいなと思わないというのであれば、お見合いはお断りでいいと思います。

プレ交際期間中は、ほかの方とお見合いをしてもいいですし、複数同時交際も可能ですから、人によっては初デートのチャンスが何度も訪れます。プレ交際は真剣交際に進むまでに必ず通過する過程ですが、あまり重たく考えすぎず、まずは「異性のご飯友達ができた」くらいのスタンスで挑むとちょうどいいと思います。そこでお互いに自己開示をし合ったり、雑談を交えつつ結婚観などにも触れていったりして、徐々に深い関係性を築いていきましょう。何度かお会いしていくなかで「この人となら結婚したいな」という気持ちが芽生えたら、お互いに気持ちを確認し合い、そのうえで同じ気持ちであれば双方お一人に絞って結婚前提の真剣交際へ進みます。

結婚相談所における婚活では、プロポーズ（成婚退会）まで婚前交渉が禁止されています。女性を守るための大事なルールです。ただ、プレ交際中には手をつないでみて違和感がないかどうか、また真剣交際中にはハグやキスなどのスキンシップを取ってお互いのことをより大事に思えるかを確認し合うことも大切です。

［ステップ2］　自分は選ぶ側でなく「選ばれる」側であることを肝に銘じる

出会いは一期一会。笑顔で楽しく過ごせることが大切

お見合いは、どの結婚相談所でもたいてい1時間と決まっています。将来のパートナーになるかもしれない人に会う大事な1時間は互いの相性を測る時間でもあり、また相手からジャッジが下される1時間でもあります。どの婚活サービスであってもお相手から選んでもらわないことには自分も選べる立場になれませんので、まずは、お相手から選ばれるために誠意を尽くして楽しもうという姿勢が大事です。

限られた時間のなか異性として好きになってもらえるように、男女とも最高の自分で挑んでほしいと思います。例えばカフェやラウンジでは、男性はメニューを女性側に向けて先に女性が選べるようエスコートすることが大事です。また、お相手のプロフィール文をしっかりと読み込んだうえで質問するなど、楽しい会話のキャッチボールも心がけてほしいです。お茶代は相談所にもよりますが、基本的には男性が負担するルールとなっています。

そのため、女性は彼らへのお返しとして、お相手の笑顔をたくさん引き出すように意識しましょう。そのためにはまず、ご自身が笑顔でいるのを心がけ、居心地の良い雰囲気をつくることが「また会いたい」と思っていただくための大事なポイントです。男性がお会計を済ませてくれたときも「それでは失礼します」と踵を返してスタスタ帰ることはせず「今日はごちそうさまでした。お会いできて本当にうれしかったです」と笑顔でお礼を伝えるようにしてください。別れ際に最高の笑顔でご挨拶することは、男性がご馳走してくれたお茶代へのお返しをすることにもつながります。女性は男性にご馳走してもらった以上のものをお返しする気持ちで、お見合いや初デートに臨みましょう。

初回のわずかな時間で判断しきれなかったというお相手とは、一度は食事をともにしてみても良いかもしれません。たいていは食事をともにすることで、その先へ進めたいかそうでないか、自分のなかではっきり分かるものだと思います。

男性のエスコート力の欠如は致命傷に

「初回デートはご飯デート」が婚活のスタンダードです。夕食ならちょっとお酒も交えてリラックスした状態で雑談しながらお互いに素を出していけることから、私の会員さんには、初回デートはあえてランチではなく夜ご飯を提案するといいですよとお伝えしています。数時間ともに食事をすることで、たとえそれが初めて会うお相手であっても、食の好みの偏りやマナーの良し悪し、育ってきた環境など細かな部分を垣間見ることができます。

食べ方に難ありなお相手を生理的に無理と感じるのは致し方ないですが、まずは楽しくさまざまな雑談ができ、帰り際に「楽しかったな」と前向きな気持ちになれるお相手であればそれで十分です。シンプルにもうちょっと話していたかったなと思えたなら、それも相性がいい証拠です。ぜひ2回目デートをその場で打診してみましょう。

たとえ真剣交際につながらなかったとしても、どなたとのデートであっても、お互いに意味のある時間にしたいものです。初デートは、自らお相手を楽しませようという心遣いを大切にして過ごし、最後は自然と笑顔でお別れができるよう頑張りましょう。

結婚相談所ではお見合いが成立すると、男女それぞれのカウンセラーが間に入って日程やお見合い希望場所の調整をし、なるべく早くお見合いをセッティングできるよう心がけています。お見合い場所の主流は大体ホテルのラウンジなのですが、週末ともなると新宿など都心のホテルラウンジ前の入り口はお見合いのお客さんである大勢の男女が入り乱れている状態になります。タイミングよく二人で着席できればいいのですが、席が空くまで立ったままで順番待ちをしなくてはならないケースもあります。初対面の二人が、空きが出るまで並んで待つことほどしんどいお話はありません。それだけでそのお見合い自体がだいぶ損な時間になってしまいますので、なるべく男性の方が早めに行って席を確保しておくことが望ましいです。

私の相談所では、お互いに気持ちよくお見合いしてもらうためにも、男性会員さんには「都心のホテルラウンジの場合は、約束の40～50分前には行って席を確保しておいてね」とお伝えしています。

20代後半、ＩＴ企業に勤務する女性会員さんが、以前こんな目に遭われたことがありました。彼女とお見合い成立したお相手は大手銀行勤務の29歳男性で、真夏の土曜の午後、お二人はホテルのラウンジにてお見合いすることになりました。通常であれば男性が早めに訪れ、先に席を取っておくところなのですが、彼は彼女よりやや遅れて到着し、当然満席のラウンジには空きがなかったため、そのまま一緒に並んで待つことになりました。

「お席、空きませんね」「そうですね……もうすぐ空きますかね」などと場つなぎの会話をしつつ、気がつけばそのまま30分が経過、ようやく焦りを見せ始めた男性のほうから「このままではいつまでも空かないかもですね。ちょっとほかへ移動しますか？」と提案があり、二人はラウンジをあとにしました。最寄り駅までの道のりを歩きながらカフェを探したものの、結局空いている店は1軒も見つからず、お見合いの1時間が終わりました。女性会員さんは次のお見合いの予定が控えていたため「今日はもう解散しましょう」とお伝えし、結局正式なお見合いはできないまま、1時間を過ごす羽目になったのだそうです。

「場つなぎのためにひたすら笑顔で並び続けるのも苦痛でしたが、何よりもきつかったのは、この真夏の炎天下をずっと歩き続けたことです。最後のほうは頭がクラクラしてきてしまって……」

彼女からすぐにその報告をもらった私は本当に彼女が気の毒だと感じてしまいました。

驚いたのはそのあとです。この男性の相談所さんからお見合いの結果入力が入り「お断り理由：価値観の違いによるもの」という連絡が入りました。30秒ほどPCの前で固まりましたが、すぐに返信を入れました。

前例のないことでしたから、少し差し出がましいようにも思いましたが、彼のためにもこちらのクレームをやんわりと伝えたところその後謝罪がありました。

女性より早めに到着して席を確保する、仮にそれができそうでなければ、いったん自分で代替案を考え、それも難しそうであれば、自分の担当カウンセラーにすぐ電話をして相談することが大事だと思います。どれだけハイスペックな男性であれ、イレギュラーの際に全く機転が利かない男性は交際以前の問題だと感じます。お見合いや初回デートの際には、男性は落ち着きや余裕を携え、エスコートすることを忘れないようにしましょう。それに対して女性もまた、感謝の気持ちをもってかわいい笑顔と愛嬌でお返しをするようにしましょうね。

デートはコミュニケーション力がものをいう

スマートなエスコート以上に重要なのが、適度なコミュニケーション能力です。完璧なエスコートができてもお見合いで苦戦し続ける人もなかにはいます。基本的にそのような男性は「雑談」をするのが得意ではないという傾向にあります。なんとなく堅苦しい空気のままお見合いの1時間を過ごし、それに合わせニコニコしている側の女性が、自然と疲れてしまうのです。

「すごく丁寧で良い方だったのですが、あまりにも真面目な方で、次も会いたいとまでは思えませんでした」

「会話が弾まず、沈黙になることがあり気まずかったです」

結婚相談所のシステムではお断りの理由も記載してもらうことになっています。雑談が苦手な男性にはまずお断りの理由で特に目立った事実を定期面談の際にお伝えし、ご自身でなぜお相手にそう思われてしまうかについて考えてもらいます。

するとたいていの人は、途中で会話に詰まってしまい、何を話したらいいか分からなくなってしまったといいます。

そういった方々は自分は雑談が苦手という事実をそこで言語化し、ご本人で気づきを得られたわけですから、まずは最初の前進のための取っかかりを得られたわけです。

何気ない雑談こそ、男女が打ち解けるうえでは大きな役割を果たすものです。そこで生まれる空気感や居心地の良さ、話すうえでの違和感のなさから諸々の感情が生まれ、また次も会いたいなと思う流れになるのが理想的なのです。

コミュニケーション能力の高い人は、話をする量と聞く量の配分をどちらか一方に偏らせたりはしません。

逆に女性側が「私、今日お話ししすぎてしまったかもしれません」と言う場合のお見合いは、たいていそのままプレ交際が成立することがほとんどです。

女性の多くは基本的におしゃべりが好きですから、女性が楽しくなってしまうほどお話させてくれる男性はモテて当たり前です。女性が「なんだか話し過ぎてしまってごめんなさい！」と言えるのは、男性が自然とその場をそうなるように仕向けているからです。もちろん彼らもちゃんとそこに笑いや緊張をほぐす話題を入れつつ、お相手の女性に会話の花を持たせるといった敬意も忘れません。

その逆で、女性が必死に話題を探して会話を膨らませようと努めているのに、何を言っても一問一答のようにしか受け答えできない男性は、婚活ではかなり苦戦する傾向にあります。

初デートでの会話は連想ゲーム感覚で盛り上げる

初デートにおける会話は、お見合いで知り得たお相手の情報、趣味・嗜好などをふまえ、そこからどれだけお話を自然と広げられるかが大切なポイントです。一問一答になってしまいがちな方は男女とも次のデートにつながる可能性が低く、逆にお相手の返答に対していわゆる「連想ゲーム」ができる人は次のデートへのステップを軽々と超えていくことが多いです。

男「イタリア料理がお好きなんですね。僕も好きで、よく家でもパスタを作ります」

女「すごい！　料理がお得意なんですか？　私も料理の動画を観ていること結構多いんですよ」

男「え、僕も観てますよ。僕も作るときは結構動画頼りで、得意というにはまだ早いかなと思うんですけど……。誰の動画が好きです？　僕は○○さんのやつ。簡単なのにおいしいんですよ」

女「私もそれ観てますよ。ついこの間の動画で出ていたレシピ。手抜きアクアパッツァ？　あれ、実はこの間作ってみたんです」

男「え、すごい。アクアパッツァってなんだかんだですごい手間がかかりませんでした？」
女「いや、見た目に反して作り方は結構シンプルでした。お勧めかも」
男「へ～、今度作ってみようかな。イタリアンお好きなら、僕、おいしいアクアパッツァがあるお店探すんで、次はそこに行ってみませんか？」
こんなふうにAをBにして、BからB'にしてと会話に広がりをもたせる連想ゲーム方式を使用することで、お互いに自然と笑顔が生まれ、次のお誘いのきっかけをつくることもできます。こうした会話ができる方は2回目以降のデートにおいても、自然と将来どんなエリアに住みたいか、仕事を続けるとしたら家事は分担が理想だよね、などと結婚観にまつわる連想ゲームを繰り広げられるので、真剣交際までの期間もスムーズになります。基本的にはお相手の話をいったん肯定しつつ、自己開示も同時にしていくこと、そのバランスがいい方は男女ともに選ばれやすい傾向があります。
婚活ツールによりけりではありますが、結婚相談所はその名のとおり、結婚を前提とした出会いを求める場ですので、初めて会った者同士であれ「結婚」に関した話題をどんどん出していくほうが良いのです。2回目以降のデートで、お互いに良いバランス感で結婚観にまつわる話ができないと「将来がイメージできませんでした」「価値観が違うと感じました」などよくある当たり障りのない理由でお断りされてしまいます。

結婚相談所におけるデートでは、ぜひ積極的に結婚にまつわる話題を入れていきましょう。マッチングアプリや街コンではお互いになかなか出せない「結婚」という二文字のキーワードを当然のこととして会話にガンガン出すことができる、それもまた結婚相談所での婚活の大きなメリットの一つなのです。お互いに深い会話を通じて、相性の良さを感じることができるかどうかを知る大切な時間です。

注意すべきは、何事も一方的に熱く自身の理想を語りすぎないことです。結婚は共同生活ですから、会話のうえでもうまい具合にお互いが譲り合い、自然とボールを受け渡しし合える男女はコミュニケーション能力がとても高く、婚活がスムーズに進む方々だと思います。

連絡の頻度はあらかじめ確認をする

マッチングアプリではマッチングしたらメッセージを送り合うことから始まります。こ
とメールや連絡ツールなどのやりとりに関しては意外にも男性のほうがマメな方が多いよ
うに感じます。男性は好意を感じる女性に対し、自然とマメになりがち。女性はいきなり
マメになれることはあまりなく、お相手を異性として意識し始めて初めてマメになれる方
が多い印象です。

とはいえこれは男女関係なく、基本的にやりとりがマメな男女と、そうではない男女と
にきれいにはっきりと分かれる傾向があるとこの仕事を通じて感じています。その点どち
らか一方がストレスを感じている場合、ご成婚に至るケースはごくまれかと思います。

事実、もともとの性格はマメなタイプではないけれど、自分が好意を感じているお相手
にだけはマメに連絡できるという人がほとんどであり、お互いに好意をもつ二人が次の
デート日の前夜まで一切連絡し合わなかったというケースは、これまで一度も見たことが
ありません。

好意がある異性のＬＩＮＥでのやりとりに一喜一憂し、返信がないと不安を感じる、も

しくは気持ちが冷めるという男女は一定数いらっしゃいます。

「僕（私）はマメに連絡しているのに、この人は短文もしくはスタンプでしか返してこない……。明日交際終了の連絡が来るのかも……」

などと悶々とすることは精神衛生上良くないので、初回デートでは連絡頻度やお相手の傾向についてあらかじめ聞いておくことをお勧めします。

こまめな連絡が不得意と言う方に返信をマメにしてほしいと願っても、基本的には難しいです。それならば最初から「あ、この人はそういう人なんだな。じゃあ私もあまり気にしないようにして、会った時の時間をちゃんと大事にするようにしよう」と切り替えができる方は交際をスムーズに進めやすい傾向にあります。

AさんならAさんに合わせて、BさんならBさんに合わせて最初のうちだけはそれぞれのお相手のスタンスに合わせてやりとりをするほうがベターです。自分が連絡したいタイミングやボリュームの押し付けはしないように、距離感を測りつつ仲を深めていけたらいいと思います。

結婚相談所では、プレ交際が成立したそのタイミングで、初めてお互いのフルネームと電話番号が開示されます。男性から女性へファーストコールというお電話をかけ、お見合いのお礼とプレ交際になってうれしいなどの気持ちを伝えます。その際にLINEのIDも交換し、たいていはその場で次回の初デートの日時を決めることが多いです。通常は皆さんお見合いした日から大体1週間、どんなに遅くとも2週間以内には初回デートの約束をされています。そうしないとお互いのテンションが下がってしまい、また一からはじめましてのような空気感が流れてしまうからです。

お互いに「この人良いな」と思っていればマメに連絡もするでしょうし、どうにかしてでも時間をつくるものです。仕事が忙しいなどの理由は婚活においてはただの言い訳にすぎません。周りの既婚者の方々を見渡してみてください。彼、彼女らはあなたと同様に多忙を極めていても、水面下ではちゃんと恋人と会う時間をつくり、そのうえで信頼関係を築けているから結婚に至っているのです。

［ステップ3］　自己開示をしっかりする
ありのまますべてを見せればいいというわけではない

男女ともに自己開示がうまい方は、次につながりやすいものです。お相手と会ってみたとき、楽しいは楽しいけれど本音が見えてこないとか、きれいで上品だけど、なんだか心を開いてくれていないといった印象の方は、次回のデートに結び付きにくいといった傾向があります。ただ、傾聴力が高いだけでは最後の一人には選ばれません。

自己開示するといっても、仕事の愚痴や会社の同僚の噂話をする男女はすぐに振られがちです。自分が選んでやっている仕事の愚痴を、関係が浅いお相手に言うほど生産性のないことはありません。逆に趣味や好きなこと、またご自身の価値観などは前向きで楽しそうに話せることなので、自然とその場も居心地の良いものになります。

初回デートでは、なるべく嫌われないように振舞おうとか、少しでも自分を良く見せなければと男女ともに思いがちですが、それよりもいかに自然体で素直にご自身の話ができるか、お相手の笑顔を引き出す話題を振って、その話を楽しそうに聞きリアクションを大きく打ってあげられるかが、とても大事です。自分についての情報をなんでも自分の言葉で率直に、かつお相手を困らせることのない塩梅で話せる人は、それだけ自己肯定感が高く、コミュニケーション能力も優れている印象をもたせることができます。

聞く側に対して不快感を与えることなく、お相手の方があなたに自然と打ち明け話をしたくなるような雰囲気を出せるタイプの親しみやすさは、人間関係においても恋愛においても人に好かれるための大事なポイントになります。

例えば男性でやや威圧的な話し方をする人や、自慢にも取られかねない自分語りを無意識にしてしまうタイプの方は敬遠されてしまいます。女性の場合は、にこやかだけど大人しくて何を考えているか分からない方より、表情が豊かで、身振り手振りも交えて楽しくおしゃべりできて面白いときは思いっきり笑える人のほうが男性ウケしやすいです。

もちろん、最初から誰もが簡単に自己開示できるとは私も思いません。お見合いでもデートでも打席に立ち続けることで、カウンセラーのアドバイスを活かしつついつのまにか身についているのが理想です。

自分のありのままを自己開示して話せることはもちろん大事なのですが、最初から自分のつらい経験を、例えば失恋話や過去の苦しい出来事など、ネガティブな話題を自ら振るのはやめたほうが良いです。自分の弱さや欠点などは、数回お会いしてお互い好意が高まってきた頃にようやく出すことで、お相手も自然と抵抗なく聞ける場合がほとんどです。

責任感が強い男女は相手と真剣に向き合いたいという気持ちが先走りすぎて、まだ日の浅いうちから自分の身の上話を打ち明けようとすることがあります。そんな話題を持ち出すのは、自分の弱いところや過去を洗いざらい話して、そんな僕や私でも認めてくれるかなという相手への試し行動に私には見えてしまいます。

コミュニケーションとはお互いが一緒にいて気持ちのいい時間を過ごせるための大事な足掛かりの一歩です。独りよがりになってしまいがちな方は、意識的に変えていく気持ちをもつだけでもだいぶ変わりますから、とにかく打席に立ち続けつつ、良い監督の指導のもとで頑張る気持ちをもち続けることが何よりも大事です。

自己開示が婚活にもたらすもの

私が結婚相談所で会員さんたちを見ながら思うのは、男性の場合、初回デートにおいてお相手が好意をもってくれている様子がその後前向きな交際に発展するかどうかの分かれ目だということです。一緒にいてあまり興味関心をもってくれていなさそうな女性に対し、時間やお金を割くほど彼らも暇なわけではありません。自然と出てしまう笑顔やふとした際に見せる好意的な表情から「もしかして僕のこと結構気に入ってくれてるのかな」と思わせられる女性は強いです。

プレ交際中、自分に興味関心をもってくれている女性が2人ほど現れた際、今度は彼がそのどちらかの女性と先に進むイメージをご自身のなかで確かめるために、その方々とデートを重ねながら相性がいいなと感じるほう、また外見も好みで居心地が良い女性を最終的に選ぶ印象があります。

一方、女性はコミュニケーション能力の高い男性に惹かれる傾向が大きいです。「自分のことを大事に思ってくれる」「なんでも言葉にして伝えてくれて安心できる」「いつ交際終了されるか分からないといった不安感がない」そう女性会員さんがお話しされる場合、その多くの交際は幸せなご成婚に結び付くことが多いです。女性側もまた、そんな彼らに素直になれる自分に気づき「彼と一緒にいるときの自分が好きです」という報告が来るのは彼女の気持ちのベクトルがもう完全に彼へと向いている証拠です。

男女とも、自己開示を良い塩梅でできる人はそもそも自分自身のことをよく理解していらっしゃる印象です。過去の交際において結果を自分なりに分析し省みながら、こういうところがよくなかったから次はこうしようなどと軌道修正しつつ、どんな方が合うのかを本当の意味で腹落ちさせることができたのち、ついに理想のお相手と出会えた際には、誰もが同じことをおっしゃいます。

「自分の素を出せる人にようやく出会えました！」

［ステップ４］「もう一度会いたい」と思わせる

初回デートで失敗する人

男性がお断りされる理由の一つに、食事マナーの悪さがあります。さすがに咀嚼音を響かせる人は滅多にいないようですが、お箸の使い方をはじめ一緒に食事をしながら感じる違和感は生理的な嫌悪感につながるようです。食事中になんの断りもなくいきなりはなをかむとか、静かで雰囲気の良いレストランなのに話し声が隣のテーブルまで聞こえるほど大きいとか、お相手が女性でなくても食事の場面で不快感を与える男性はかなり成婚までのハードルが高いです。

実際こうした理由でプレ交際の初回デートにて交際終了される男性が一定数います。

一方、女性が交際終了される場合は身のこなしや振る舞いということではなく、異性というよりお友達にしか見えないとか、どうしても前へ進もうと思えるほど自分の気持ちがついてこない、などというお断り理由が多いです。

要するに、男性は結婚相手に居心地の良さを求める半面、相手を異性として見られるかどうかを潜在意識のなかで基準としているのです。ひとさじの女性らしさと品の良い色気（これは美しい所作なども含みます）を意識するのは、婚活写真の撮影時だけではないということです。

また男女を問わず、ネガティブな発言や愚痴の多い人は、最後に結婚相手として選ばれることはありません。自己開示を意識しているからこそ、ついそういった話をしてしまうのかもしれませんが「もしこの人と結婚したら、日常でもこんなふうにネガティブな愚痴を聞かされてしまいそう」「生活を楽しむ姿勢がなさそう」と思われてしまうのです。誰だって一緒にいて安心感がある楽しい気持ちになれる異性と結婚したいのです。心を開いたつもりが逆にお相手の心を閉ざしてしまうケースはほぼこれが原因ですので、会話における人生への向き合い方や考え方などは日頃から意識してみることをお勧めします。

男女問わず、次のデートを自ら提案する

「この人とまた会いたいな」と思ったら、男女問わず自ら次のデートをその場で提案する勇気をもつことが大事です。

「今日楽しかったです～。お疲れ様でした！」

といったラフな感じの別れ方では、まるで職場の同僚と変わりません。お互いに結婚を意識してその時間を過ごしているのです。別れ際にはそれとなく次に会える日をお伺いす

ることが交際をスムーズにさせるコツです。特に女性から提案できるタイプの方は強いです。プライドが邪魔をする、あるいは断られると傷つくという理由で、あいまいにさよならしてしまうと、お相手が人気のある男性ならば、もっと積極的なほかのプレ交際女性のほうに気持ちが傾くことは大いにあると思います。男性はプレ交際女性に対し、デートのたびにお店を何店舗か提案して、ご馳走することを繰り返さねばなりません。女性が特にアクションしてこない場合は、よほどその女性がタイプでない限り、その瞬間に後回しとされてしまいます。

「今日は本当に楽しかったですね。お忙しいとは思うのですが、ぜひまた近いうちにお会いできればうれしいです。いつ頃お会いできるか、ちょっと今ここで確認させてもらえたら、うれしいな」結婚していくカップルは、デートのあと、どちらからともなく必ず次の約束を立てています。

私の相談所でも会員さんたちのデートの振り返りを見ていると、大半の人が「次の約束」という項目の「約束している」にチェックしています。約束していないカップルは、結局どちらか一方がそこまでのモチベーションに至らなかったということです。私は約束しているか、していないかでその後のお二人がスムーズにいくかいかないかをある程度予測できてしまいます。お相手に感謝の気持ちやまた会いたい気持ちをダイレクトに伝えること。それはお金をかけずにできるシンプルなギフトです。積極的に次回の約束を提案できる男女から結婚していきます。

自分がいいと思うお相手にはたとえ勇気が必要だとしても、自分からアクションすること。これが命運を分けるポイントといっても過言ではありません。

女性のなかには、断られてしまったらと思うと勇気が出ないという人や、女性から誘うなんてなんだかガツガツしているみたいで……と言う人もいます。ある程度年齢を重ねれば重ねるほど、恋愛に対してこれ以上傷つくのは嫌だという気持ちになるのも分からないではありません。しかし、その臆病さをいつまでも引きずっていては、良いご縁に恵まれることはありません。ただでさえ年齢という壁を20代女性以上のフットワークの軽さで飛び越えて行かなければならないのです。そもそも婚活ツール、しかも結婚相談所はその名のとおり「結婚を前提とした」出会いの場なのですから、怖気づいている場合ではないのです。

まして、結婚相談所の場合はプレ交際の複数同時進行が可能です。お相手には同時進行でお見合いを進めたり、あるいはプレ交際を進めたりしているライバルがいるのですから、タイミングを見誤ると、いつも中途半端な交際で終わってしまいます。

結婚相談所で活動するうえでは、モテるタイプの男性ほど決断が早い傾向があります。彼らはだらだら長期にわたりプレ交際をすることもなければ、もっとほかの人を見てみたいといった動きもしません。プレ交際のお相手を短期間で絞り、サクッと一人の女性と真剣交際に入ります。

慎重であったり、やや損得勘定が強めの男性はじっくり比較検討をしてしまいがちですが、その間にほかのモテる男性が、やはりモテる女性を奪っていってしまいます。

デートを経て、相手へどれだけ良い印象を与えられるかを気にすることも大切ですが、まずは姿の見えないライバルのなかで抜きん出るためにも、自分は相手に何を与えられるのかを整理してみましょう。相手からプレ交際を希望された理由は長所としてさらに伸ばし、一方でプレ交際を断られた理由は改善し、それもまた長所に変えていく。そんな努力も、誰からも「もう一度会いたい」と思ってもらえる自分磨きへとつながっていきます。

［レッスン5］

デートがうまくいかないことや、フラれることだってある！失敗をチャンスに変えることができる人ほど婚活はうまくいく

お断りは相性の問題ということもある

ある日、突然訪れる交際終了のお知らせは、やはりショックでつらいものです。虚しさや悲しさとともに自己肯定感は下がり、真剣交際目前での交際終了などは特に、場合によってはしばし新たな一歩を踏み出せないほどダメージを受ける方もなかにはいらっしゃいます。マッチングアプリで出会った相手に連絡先をいきなりブロックされたり、デートの誘いをドタキャンされたりしたときもそれは同じで、自分の何がいけなかったんだろうと自信喪失のきっかけになってしまいがちです。

【ステップ1】 お断りされてもいちいち落ち込まない

私の結婚相談所でも、残念ですが、ほぼ毎日のように交際終了の連絡はあります。プレ交際期間は別の方とのお見合いやプレ交際の同時進行が可能ですから、急な交際終了はある意味真剣に活動していればこそ、どうしても避けては通れないものなのです。

悲しいけれど、こればかりは仕方のないことという感じで会員さんの受け止め方もさまざまですが、お互いのためにも、限りある時間を有益に使えた、無駄にしなかったという前向きな受け止め方をするほうがいいと思います。潔く交際終了して新規のお見合いをどんどん申し込み、もっと良いお相手を見つけるぞ！という明るいスタンスをもつことが必要です。

交際終了の理由は、結局は相性が合わなかっただけのことで、誰が悪いわけでもないのです。自分を責める必要もありません。とはいえ、簡単にご自身からの交際終了ばかりを繰り返していては、いつまでも幸せな結婚にはたどり着けません。交際終了したりされたりした際には、必ず所属相談所のカウンセラーからアドバイスをもらい、次は同じ轍を踏まないよう自分を見つめ直す必要があります。自分自身をブラッシュアップしながら次の出会いに備えていくことが婚活の本質です。

これまで私が実際に受けもった会員さんたちの体験談をもとに、お断り理由から学ぶべき、気をつけたいケースを一部ご紹介します。

［ステップ２］　失敗の経験を次に活かす

お見合いのお断り理由はシステムに反映されますので、今後よりスムーズな婚活をしていただくためにも、カウンセラーが会員さんたちにお断り理由を面談などを通じてデータとして共有させてもらう場合があります。特に私は会員さんと二人三脚のスタイルでサポートしていますので、ときには会員さんたちにとって耳の痛い話でもあえてお伝えすべき時はお話しししています。

〈ケーススタディ１〉「次また会いたい」と思われなかった女性

これは大卒で年収６００万円、仕事を一生懸命に頑張り、キャリアを積んできた32歳女性のケースです。入会直後からお見合いを何度も立て続けにお断りされてしまいました。そのため、彼女がお断りされる理由についてシステムにて分析したところ、マナーは良いが、どうも壁を感じるという理由がほとんどでした。もちろんお見合いでいきなり素を出せる方はあまりいません。ですが、何かしら男性から見ると次もまた会いたいとまでは思えない隙のなさや壁があるのだとしたら、それを取っ払わねばなりません。
「お見合いのお断り理由を共有してもいいですか？」と私が面談時にお伝えすると、彼女は「メンタル的に身がもたなそうなので、聞かなくて大丈夫です」と言いました。とはいえ彼女が幸せにご成婚退会するためには、やんわりとでもお伝えせねばなりません。
私「では共有はやめておきますね。でも、何もお相手の方々が、酷いことを書いてるとかでは全くないですよ」
女性「この間のお見合いも手応えがなかったですし、活動がうまくいっていないのは分かってるんですけどね……」
私「そうね。うーん、じゃあなんとなく○○さんがご自身で思うお断りの理由ってなんだと思います？」
女性「やっぱり私の見た目が男性に刺さってないんでしょうね。最近忙しくて、なんだかもう、ひと月ごとに劣化してるなって自分でも思ってしまうくらいなので……」
彼女の理想的なお相手は、大卒でご自身と同じくらいの年収、歳の差はプラスマイナス

5歳までの男性。つまりアラサー世代ど真ん中の超人気層なわけです。彼女と同じように、彼らもまた日々の仕事で疲弊しています。ゆえに、家庭をもったら家ではほっとくつろげてリラックスできる環境に身をおきたいのが本音。お互いに高め合おうみたいな女性より、一緒にいて自然体でくつろげるお相手を求める方がほとんどです。毎日戦場で働いているからこそ、お互いの休みの日にはどちらからともなくコーヒーを淹れながら「今日どうしよっか?」「そうだね。雨だし、例のドラマの続きでも一緒に観よっか」みたいな空気感を理想としている方が多いのです。

システムに残されている彼女へのお断り理由は「丁寧でマナーもしっかりしているが、将来をともにするイメージが描けなかった」「お仕事に打ち込んでいてすてきだと思いますが、自然体の会話が難しいと感じた」など、コミュニケーションに課題があることが分かりました。

彼女は人一倍外見にも気を遣っている分、そこだけにご自身の気持ちがフォーカスされてしまい、結果ご自身が思うお断り理由と本当の理由にはかなりの乖離があったわけです。

そのため私が彼女に、外見やマナーは全く問題ないので、今後はちょっと気を抜いて、お見合いを楽しむくらいの感覚で自然体で挑んでみるようにお伝えしたところ、驚いていました。

時にはやや踏み込んだ話や指摘もしていかねばならないのが、私たちカウンセラーの仕事です。もちろん、面談時には交際希望理由も同時に開示することで皆さん笑顔が戻りますから、良いところはきちんと評価して次に活かしていっていただきたいですし、改善したらもっとスムーズになるよということは、それはそれでしっかりお伝えしていくことも、私たちにしかできない仕事だと思っています。

彼女に限らず、誰だってご自身のお断り理由なんて本当は聞きたくないと思います。ですが、私の会員さんたちはきちんと真面目に婚活に取り組んでくださっている方ばかりだからこそ、お断り理由をお伝えしても、最終的には「聞いてよかった」と心新たにまた頑張ろうという表情になっていかれます。

傷つくのは誰でも嫌です。でも例えるなら大学受験において、ご自身の弱点を理解しその教科を何度も繰り返し勉強していかないと志望校には合格できないのと同じ原理なのです。

〈ケーススタディ2〉　ハイスペックなのに異性として見られない男性

「すごく良い人で、きっとこういう男性と結婚したら良い旦那さんになるのは分かってるんですけれど、やっぱり異性としては見られませんでした」

男性へのお断り理由において、こういったものは本当に多いです。学歴や年収などの条件が揃っていても、プレ交際の段階で手をつないでみたら嫌だなと感じ、この人と結婚するのは無理だわ……となる女性は実際結構いらっしゃいます。男性に比べ、女性の気持ちが盛り上がるスピードはやや遅い傾向にあります。ゆえに男性は、内面はもちろんのこと、生理的に無理と思われないような清潔感をきちんとキープし続けることが何より大事なポイントだと思います。

ちなみに、どうしても異性として見ることができないと言われてしまう男性陣が清潔感がないかといったら、必ずしもそうではありません。男性らしい言動が足りなかったり、受け身であったりなど、ここぞという場面においてリードする力が低めの男性もまた「異性として見ることができませんでした」と交際を終了されてしまうケースが多いです。

男性同士でいるときは普通に楽しく話せるのに、女性を相手にするとどうも自分のことを良く思われたい気持ちが先走ってしまい、自信のなさからお相手女性に合わせた言動ばかりを取ってしまうというケースです。潜在的に「嫌われたくない」気持ちがあって、ご自身も無理していることに気づかず、自分を抑えて女性に合わせすぎているパターンかなと思います。こんなこと言ったら嫌われるんじゃないか、本音を言ってしまうとよく思われないんじゃないかなど、頭でっかちに考えすぎて結局自分というものを出し切れず、頼りなく見えてしまうのです。

何度も申し上げますが、自己開示なくして幸せな結婚はできません。自己開示が苦手な方は男女ともに少なくありません。そこをご自分なりのペースでも構わないので、相手にもっと自分のことを知ってもらうために自己開示することを頭の片隅に置いて、会っている時間をより有意義なものにしてほしいと思います。

〈ケーススタディ3〉　婚活市場で大モテする男性

婚活市場では外見もよく高収入といった、いわゆるハイスペックと呼ばれる男性もたくさんいます。

彼らには数カ月の間に数百名の女性からお見合いの申し込みが入ります。

私の相談所でも、有名企業勤務の方や家業を継がれ将来性抜群の方、あるいは総合商社勤務の方、医師の方などが過去に何度も入会バブルを起こしているのを見てきました。外見もいまどきのイケメンさんたちで、放っておいても自然な出会いがありそうです。その男性の一人に入会面談時、なぜ結婚相談所を検討されているのかを聞くと、2～3年付き合った女性と別れてから結婚したいと思った時に、仕事が忙しいので一から相手を探したり恋愛したりする時間がなく、職場はコンプライアンスが怖いとなると、結婚相談所が効率が良いとのことでした。職場恋愛は責任を伴うので、できれば避けたいと言うハイスペックな男性は実はとても多いです。彼らは、時間をお金で買うつもりで、真剣に頑張ってみたいとおっしゃいます。

婚活や出会いにもタイパを求める時代になったのだなと、特にここ一年ほどでより一層強く感じるようになりました。

では、イケメンでハイスペックな男性はどのような女性を求めるのかというと、好みはそれぞれですが、共通していえるのは、ある程度教養があり、外見がご自身のタイプである女性、そして今現在で仕事にちゃんとやりがいを見いだしている女性が人気です。あとはそれぞれ接するなかで、価値観や性格が似通っている女性を最後の一人に絞っていく印象です。そのため、ご自身ができうる自分磨きを徹底し、プレ交際中は彼の隣にいる女性だったらどんなファッションがふさわしいだろうということまで考えが及ぶ女性は本当に強いです。実は男性も、活動初期はご自身が本当に相性の良い女性がどんなタイプなのかをあまり分かっていない方も少なくありません。活動中にそうしたことについて話し合い、アドバイスしていくのも、私たちカウンセラーの仕事だと思っています。

さて、その後、これらのハイスペックな男性たちは、最初の1カ月強で気になる女性10~15人ほどとお見合いをささっとこなしていきます。そこから絞り込んだ1人もしくは

2人の女性とのデート時間を大事にして、結果一人に絞りすぐに真剣交際へと入る人ばかりです。「この人」と決めたら一直線で、ほかの女性が目に入らなくなることが多いと感じます。決断せねばならないシーンではしっかりとしているなと毎回感心します。真剣交際に入るまで女性からの申し受けは途絶えませんが、相手が見つかってしまうと、彼らはもはや他の女性たちをほぼチェックしていません。真剣交際が破局になれば話は別ですが、ハイスペックな男性となるとシステム画面に表示されている期間はせいぜい3カ月程度です。すぐに相手が決まってしまいますから「いいな」と思ったらためらわず、入会直後にどんどんお申し込みをするが吉です。

【ステップ3】 条件だけで突っ走らない

条件だけにとらわれると相手も自分も幸せになれない

結婚相談所での成婚退会の平均年数は女性で約1年2カ月です。私はいちカウンセラーとしてなるべく短期間で卒業させてあげたいと思っていますが、お見合い↓プレ交際↓真剣交際↓成婚退会とプロセスがあるなか、1年2カ月は決して長すぎないスパンだとも思っています。

大切なのは、その約1年2カ月の間にどんなお相手と出会い、そこでどのような気付きや学びを得て、どれだけ交際を深めていけるかです。真剣交際で破局を経験し泣いたりもしたけれど、そこで腐らずまた一からやり直せる強さをもっていける方なのか、はたまたお見合いやプレ交際ばかりを無限ループのように繰り返すだけの方なのかでは、婚活のスキルに雲泥の差があることは否めません。

手をつなぐことは、その人と人生をともにできるかのバロメータ

一方でお相手の条件が揃っているのに、なかなか結婚に踏み切れない女性も一定数いらっしゃいます。プレ交際中の女性会員さんから「すごくいい人だと思うんですけど、結婚となるとなんだかまだよく分からないというか」と相談を受けることがあります。そんなときは「結婚するかどうかは、お相手から結婚前提にお付き合いしてくださいと真剣交際を申し込まれてから初めて考えるくらいでちょうどいい。それを言われるまでもう少し会ってみたらどうかな。できれば近いうちに半日くらいお出かけして、勇気を出して彼と

手をつないでみるといいと思う。そのままずっと手をつないでいたいか、あるいは手を振りほどきたくなるか。その感覚だけは大事にしてね」とアドバイスしています。

まるで中高生の交際のようですが、プレ交際中にお相手と違和感なく手をつなげるか、真剣交際後にキスして幸せな気持ちになるかどうかは、お相手男性を異性として見ることができるかの見定めとなります。どんなに恋愛経験が豊富な女性であっても、この方法がいちばんシンプルに判断しやすいと経験上感じています。

「私、彼と手をつないでみました。全然違和感とかもなかったですし、思っていたよりうれしい気持ちになりました。一緒にいて居心地もいいですし、彼を異性として見られそうです！」

そんな報告がきた際は、ぜひ真剣交際に進みましょうとアドバイスしています。

「いざ結婚となるとよく分からない」この感覚はある意味自然なことなのかもしれないなと思います。なぜなら彼女たちはまだ結婚したことがないからです。結婚をイメージするといっても、経験のないことをイメージするのは容易ではありません。手をつなぐことができたという彼女に「あなたの希望条件も揃っているうえに、こんなに穏やかで優しい愛情表現をしてくれるってすごくいいと思うな」とお伝えすると「確かにそうですね。私、今までは人を好きになるときって第一印象から直感で盛り上がらないと付き合うとかは考えられなくて。こんなふうに穏やかに始まる恋愛もあるんですね」と優しい表情でおっしゃっていました。こういう女性は愛されて、真剣交際中にどんどんお相手男性のことを好きになっていくので、ご成婚後には、入会面談の時とはまるで別人のように幸せに満ちた表情をされています。時には勇気を出して飛び込んでみることも必要なのかもしれません。婚活においては決断力もかなり必要なスキルだと思います。

あなたの時間が有限であると同時に、お相手の時間もまた有限です。

もし手もつなげないお相手ならば、彼らのためにも早くリリースしてあげることです。やはりこの方とは無理なのでお互いのためにも交際終了しますとしっかり決断ができ、気持ちを新たにお見合いのお申し込みを積極的にできる方には、必ず別の良いご縁が巡ってきます。

お相手男性のスペックへのこだわりの強さは、プライド高めの女性に多く見受けられます。彼女たちには、少なからず過去に見た目もスペックも理想的な男性とお付き合いしたという経験があり、いつまでもその元カレもしくはそれ以上の男性と結婚したいという無意識な願望に引きずられてしまっているケースが少なくないのです。それで自分史上最強のハイスペ男性を探す旅に出るのはいいのですが、なかなかそう簡単にはいきません。そうこうしている間にも、周りの女友達が次々と結婚していきます。結婚式や披露宴に参列し、おめでとう！と笑顔で言いながら、内心は少しモヤッとしてしまう自分に嫌気がさしたり、あるいは「あの子のご主人よりもっとすてきな人を探さねば」という謎の負けず嫌い精神を発揮してしまったりする方もいらっしゃいます。

当たり前ですが、結婚はマウントを取るための手段ではありません。あなたの大切なパートナーと人生をともにする誓いを立てること、幸せになろうと思えることが大切です。誰かと比較すること自体が間違っているのです。

私たちは、関わるすべての会員さんが婚活において間違った道に進まないためのアドバイザーでもあります。一人で抱えこんでモヤモヤすることが最も婚活疲れを起こしますので、こんなこと相談して恥ずかしいなどとは決して思わないでください。むしろ常に報連相を欠かさない方々のほうが圧倒的に成婚が早いのです。

［レッスン6］

プロポーズする・してもらう“最後の一押し”

お互いが安心して「この人と結婚したい」と思うための最終確認

100%完璧な人はいない

どんな異性に出会っても、100%理想どおりのお相手はいないということをあらかじめ理解している男女は、結婚に至るまでも、結婚後もうまくいく傾向にあります。

一般的な出会いとは学校や職場において自然と同じ時間を共有し、長所も短所もひっくるめて知ったうえで損得勘定のない恋愛から始まります。たとえ気に入らないところがあったとしても、まぁそんなこともあるよねと流したり、あるいは優しい言葉に変えて話し合うことで多少のことは容認できるのも自然な恋愛結婚のメリットかと思います。

一方、理想の条件に合う異性を探すことから始まる婚活の出会いは最初の期待値が高い分、どうしてもマイナス部分に目が行きがちになります。特に女性は減点方式で男性を見てしまいがちな面が少なからずあるため、条件で選んだはずなのにここが嫌だ、ここが違うとどんどん減点してテンションが下がっていってしまうのです。一気に盲目になるほどお相手にのめり込んでいくよりは慎重でいいのですが、正直「そんなことくらいで?」と思うようなレベルの話だと、仕方ないとはいえこの先厳しいなぁ……とこちらが感じる時もあります。

［ステップ1］　相手の良いところにスポットライトをあてる

結婚相手とはこの先何十年と長い人生をともに歩んでいくわけですから、長所と短所は表裏一体くらいに考えて、明るく「そういう自分だって全然完璧じゃないしな」と思える客観性をもてる男女は結婚後も幸せな日々を過ごせるように思います。

ある男性会員さんは次のように報告してくれました。

「彼女は言葉に出して好きとか表現するのが苦手なんですよね。だけど、ドライブデートのときに温かいコーヒーをポットに入れて持ってきてくれたりと心遣いが細やかで、僕のことを思ってくれているのがすごく伝わってくるんです。彼女のくつろげる空気感にいつもリラックスできるので本当にありがたいです」

二人の相性の良さも伝わってきて、こちらもニッコリしてしまいます。

月経前気分障害（ＰＭＳ）を抱える女性会員の方は、生理前になると気分の落ち込みが酷く、交際中のお相手につい当たってしまったり、明らかにテンションが低い接し方をしてしまうことがありました。

「○○君は気持ちの浮き沈みもちゃんと受け止めてくれ、無理しなくていいよってさりげなく言ってくれるんです。彼の言葉はいつも私の心の安定剤になってくれている気がします。彼の懐の深さやおおらかさには感謝しかありません。私もこれからはあまりイライラしたり落ち込んだりしないよう、気をつけようと思います」

真剣交際中の男性がこの女性会員さんの弱い部分も丸ごと受け入れてくれたことで、彼女もまた良い影響を受け、ともに優しい関係をつくれるようにマインドが変わってきたようです。

この彼女のように、時にはお相手にとってはマイナスに映るかもしれない要素をきちんと伝えられる方は、カウンセラーとしても成婚に導きやすいです。そこを隠して上辺だけ取り繕い、つい強がってしまう男女に対しては、なかなかアドバイスしづらいところがあります。ただ私たちはプロですので、どんなケースであってもそれで驚いたりすることはまずありません。安心して頼ってほしいなと思います。

交際が進むにつれ会う回数が増え、お相手のことをいろいろと知っていく中で、この人はちょっと雑なところがあるんだとか、片付けがあまり得意じゃないのかななど、さまざまな発見があると思います。ときには「思っていたのと違った」という期待外れな部分も、お相手の中に見つけることがあるかもしれません。

どうしても気になることは遠慮して溜め込んだりせず、伝え合うことが大切です。ただし、そんなときはダイレクトに指摘せず、優しい言葉に変えて伝えることを心がけてほしいと思います。

二人で穏やかに話し合える関係性を持つことが、幸せな結婚生活の土台を築いていくのです。

［ステップ2］　金銭感覚や価値観のズレを再確認する

「結婚を前提にお付き合いしてください」

これは婚活を頑張る女性にとって、好きな男性に最初に言われたい言葉ナンバー1だと思います。交際期間の長短にかかわらず、それまで漠然としたものでしかなかった〝プロポーズ〟がこの言葉を機に一気に現実味を帯び始めます。結婚相談所ではお見合い、プレ交際を経て真剣交際に入る際、お互いの意思確認を含めてこの言葉が次のステップへの足掛かりとなります。

待ちわびた憧れの言葉に喜ぶあまり「これでもう私、ほぼ結婚が決まった!」という感覚に陥ってしまい慢心した結果、急に自己主張が激しくなったり、わがままになってしまったりする人が少なからずいます。

あまりにも態度が急変してきたことで、思っていた感じと違うと男性が不安になり、結局あともう一歩でご成婚というところで破局になるケース、実は珍しいことではありません。

結婚を前提としたお付き合いを始める前に、お互いの金銭感覚を含めた諸々の価値観は知っておくべきところです。そして必ず確認しておきたいのが宗教や国籍、持病や借金の有無といったセンシティブな情報です。結婚相談所では真剣交際に入る前にそういったセンシティブ事項は必ずお相手に伝えるというルールがあります。ですがマッチングアプリなどでの出会いの場合は当人同士でどの程度開示するかというルールもないですし、責任は誰も背負ってくれません。聞きにくいことではありますが、場合によっては家族に反対されるなど結婚を阻む要因にもなりかねませんから、結婚の意思が固まる前に、どんな出会いであっても、それとなくお互いにきちんと諸々のことを把握し合っておきましょう。

［ステップ3］　自己受容と他者受容で「最後の一押し」をする

プロポーズできる、される、あなたであるために

この人と結婚したいとお互いが思い合える男女は、多少の価値観のズレや違いがあっても譲り合い、二人で話し合い、うまく落としどころを見つけていけます。ベースにあるのは互いを思いやる気持ち。それを備えた男女は、相手が誰であっても成婚しやすく、また短期間で成婚されていかれます。

婚活は交際期間に相手のことを知っていくほど良いところを見つけていけることが理想です。お相手の欠点を見つけてすぐ気持ちが冷めがちになる方は、どうしても成婚しづらいです。一方、お相手のありのままを受け止め大事に思い、そのうえできちんと好意を伝えることができる方は、そもそも自分の凹凸も理解したうえでご自分のこともお相手のこ

とも大切に扱える方が多い印象です。

この仕事をしていて思うのは、そもそも自分自身のことをあまり好きではないという方はなかなか良縁と巡り会えないということです。おそらく自己受容ができていないので、これ以上ご自身の器を広くすることができず、とても他者受容をできる状態にはないからだと感じます。


自分のことを自分が一番認められており、そのうえで自分のことを大切にできている、そんなふうに自己受容ができている方は他者受容もうまく、まずは目の前のお相手の良いところに目を向けようとします。

だからこそ正しいお相手を選び選ばれ、その方と出会えたことを当たり前と思わない感謝の気持ちももてるため、プロポーズの最後のひと押しをしたり、されたりできるのです。

〈ケーススタディ4〉　ワイン好きの男性の決断

結婚相談所で幸せに満面の笑みで成婚退会されていくお二人を見ていると、「この二人が出会ったことはご縁とタイミングはもちろん、奇跡でもあり、必然でもあった」と毎回強く感じさせられます。

過去にワインが趣味の男性会員さんが、成婚退会の際に送ってくださったメッセージがとても印象的でした。

「見た目が整っていて希少なヴィンテージものの完璧なワインが理想だと思っていたけれど、必ずしもそうしたワインが自分に合うということではなかったです。料理とのマリアージュと同じで、自分の個性に合った最高のワインはちゃんとほかにあって、そういう女性と出会えたことが今までの人生で一番の奇跡だと思いました」

彼は旧帝大卒の32歳男性で、大手外資メーカーの開発部に所属するSEさんです。高年収であることに加え、品のある知的なお顔立ちで、お見合いの申し込みが500人以上殺到する人気ぶりでした。彼は入会当初に立てた目標どおり、2カ月後にサクッと真剣交際へ入る決断をされました。

白羽の矢が立ったお相手は、同じく大卒で飲食業界で営業職をされている年収500万円の28歳女性。ナチュラルな雰囲気で柔らかな笑顔が印象的な方です。人気のある男性会員さんとお見合いが組めること自体、椅子取りゲームを勝ち抜くようなものですから、最終的に500分の1という超難関を突破できたことを、ほかでもない彼女自身が一番驚いているようにお見受けしました。

「彼の優しそうな外見がすごくタイプだったのでお見合いを申し込みましたが、正直、競争率がすごく高そうだなと思っていました。なのでお見合いが決まったとき、私、こんなすてきな人とお見合いできるんだ！って、うれしかったんです。だからお見合い当日は、正直記念受験みたいな気持ちでした（笑）。プレ交際中も夢見心地で、彼から結婚を前提にお付き合いしてくださいと言われたときは、本当に？と思いましたし、選んでいただいたからにはもっと自分磨きも頑張ろうって、背筋がピンと伸びたのを覚えています」

その場を和ませる空気感をまとった女性で、大変お似合いの二人です。彼が好きになったのもごく自然なことと思いました。ところが結婚に向けての準備を進めていくなかで、真剣交際を揺るがすような思いがけない事実が判明したのです。

それは、結婚相談所連盟「ＩＢＪ」が主催するライフプランセミナーに彼が彼女を連れて参加したときのことでした。ファイナンシャルプランナーのもと、都内で子どもを二人ほど育てるためにはどれだけの資産が必要か、実際に二人の収入からシミュレーションすることになったのだそうです。そこでお互いの預貯金を開示し合ったとき、彼女には貯金とは別に借金があることが分かったのです。

彼が聞いたところによると、投資信託での損失をカバーするために借り入れたもので、現在も毎月５万円、ボーナス時は20万円を返済中とのことでした。コロナ禍で会社の存続が危ぶまれ、万が一職を失うことになってしまったらどうしよう、このまま一人で生きていくのかもと思い、何かやらなきゃと切羽詰まった気持ちでつい話に乗っかってしまったのだそうです。彼女的には隠すつもりも隠していたつもりもなかったので、深刻な雰囲気ではなく、ごくさらっと彼にお話しされたようでした。

ですが彼女は空気の読める女性なので、彼の表情でご自身の事の重大さを悟ったのか、その日の別れ際にごめんなさいと言って涙目になってしまったそうです。

彼は普段から担当カウンセラーの私にＬＩＮＥでこまめに報連相をしてくれていたのですが、その日の報告は夜遅かったのでどうしたのかなと思ったら、さきほどの話を聞かせてくれたのです。

「彼女に悪気がないのは分かっているんです。でも、少しだけ整理がつかない部分もあります」

そんな彼の言葉を受けて、私は言いました。

「彼女があなたの資産目当てで、借金の返済をあなたに負担させようと思っているかもしれないということでしょうか？　そのお話ってあなたと出会う前のことですよね。むしろ繰り上げ返済するために一層お仕事を頑張るとおっしゃっているのですし、本当に悪気でやったことではないと思います。彼女にかかわらず、誰しもがこれまでの人生においてあの時こんなことしなきゃよかったと後悔していることの一つや二つ、ありますよね。彼女の場合はまさに今回のがそれだと思う。二人で本当に好きだと思っていることをデート報告からいつも感じています。彼女はお金目当てで結婚を決めたのではないと思います。今後の人生設計を考えていくうえで、それも事実の一部としてちょっと組み込んで二人で考えていけばいいのではないかな」

その時点ではまだ私はお相手の方と会ったことも話したこともなかったのですが、日頃から彼が送ってくれるデート報告で彼女の人柄や彼に対する愛情の深さを常々感じていました。同時に責任感のある女性だということも感じていました。だから私は簡単に破局をお勧めすることはしませんでした。

先日、この二人が成婚退会のご挨拶に来てくださいました。買ったばかりという結婚指輪を身につけてとても幸せそうなお二人の姿を見て、ああ、この二人は大丈夫だなと確信しました。彼に結婚の決め手を尋ねると、穏やかな笑顔で話してくれました。

「彼女といると素の自分でいられるんです。僕は、これまで相手が何を話したら喜ぶかな、とか無意識に考えてつい取り繕ってしまうタイプだったんです。でも彼女とだったら、何も考えずに冗談から深い話まで自然に会話できて、ただ一緒にいるだけで心地よく、気が楽になります」

結婚生活において大切なことは、お互いを慮り、支え合う心が当人同士にあることです。この人と結婚すると決めたからには、どちらかが弱ったときはもう一方が支えてあげる。私がそんなお話をした時、彼女は涙をたたえて彼のほうに向き直り、こうおっしゃいました。

「本当にありがとう。私を選んでくれてありがとう」

婚活はお相手を選ぶのではなく、自分のほうが選ばれる側にいることを忘れないでほしいなと思います。このケースは、このご縁が当たり前ではないと感謝の気持ちを持ち続ける彼女の姿勢が、プロポーズの最後の一押しになったのです。彼だけに合うオリジナルワインともいえる彼女とのご成婚までの物語に、改めて自己受容と他者受容の大切さを感じたご縁でした。

［ステップ４］　はじまりは条件でも成婚時には人柄で決める

結婚相談所は出会いの入り口こそ希望条件から入るものですが、出会ってからは皆さんちゃんと恋愛して結婚していかれます。普通の恋愛結婚となんら変わりありません。最終的には互いにお相手のお人柄のことを大好きになっています。希望条件は単なる出会いの入り口のとっかかりにしかすぎないのです。

結婚相談所では恋愛結婚できないんじゃないか、などと言われがちですが、どんな場合であっても異性として、人として心から好きでもない人と結婚する人はいません。最初は条件が合致した者同士でお見合いして出会ったとしても「結婚の決め手は何ですか？」と尋ねると「スペックの良さです」などと答えられた人を私はこれまで一人も見たことがありません。

条件の揃ったハイスペックな男性と結婚が決まったばかりの女性会員さんに決め手を聞いたときも、「休日も返上して仕事に取り組んでいる姿を尊敬していますが、彼の健康が心配なので、結婚後はそこもきちんとサポートしていきたいなと思っています」と答えてくれました。出会いは結婚相談所でも、しっかり恋愛結婚だからこそ、そんなマインドになれるのだと思っています。

条件から選ぶ出会いだからこそ

たまにではありますが、本当に条件でしかお相手を見ていないような人もいます。そういう人はたいてい結婚でこれまでの人生を一発逆転しようという考えをもっているように感じます。ですが結婚で一発逆転して周囲を見返したいという気持ちが無意識にでも心の中にある人は男女問わず活動が必ず滞ります。マインドから整え直さねばご成婚は難しいです。基本的に損得勘定の強い男女にこうした傾向が見受けられますが、最後には選ばれず、結局はずっと一人のままという方がほとんどです。結婚相談所ではお見合い、プレ交際、真剣交際としっかりとしたステップを踏んで進んでいきますから、なんとなくの違和感や、自分には合わないかもしれないと気付くタイミングは何度か訪れる機会があるかもしれません。そこに蓋をし、条件だけで無理やり成婚退会してしまい、半年近くで戻っていらっしゃるか、もしくは入籍後わずか一年程で離婚されてしまうなどのケースをまれにですが耳にすることがあります。ですので、ご自身が入会を希望される結婚相談所さんがどれだけ会員さん思いであるか、また進めてはならないお相手の場合はそこをきちんと指摘してくれるようなカウンセラーであるか等の見極めはしっかりしてから入会してください。

繰り返しますが、結婚相談所の活動においてはご成婚退会まで婚前交渉は禁止となっています。そこに不安を感じると入会面談で言う男性もなかにはいらっしゃいますが、結局成婚退会の際には「ルールが設けられていて良かったです。いっときの感情や誘惑に流されることなく、お相手のことを結婚相手として最適な人かどうか冷静に見極めることができました」と言います。

もともとは望まぬ妊娠や婚前交渉後の破局など、女性側が傷つくことのないように設けられているルールですが、思いのほか男性にも効果的なルールなのだなと最近は考えるようにもなりました。

出会いの入り口は広いほうがいいか、狭くても確実なほうがいいのか

マッチングアプリは数も人口も爆発的に増え続けており、登録者のプロフィールの真偽はさておき自分が求める条件に適った相手と簡単にいくらでも出会うことができます。でもだからこそ希薄な関係を繰り返し、あとには何も残らなかったという悲しい経験だけが増えていく恐れもあります。アプリで出会う男性には「私は結婚を考えてくれる人としか付き合わないから」と伝え、たとえその彼が「ちゃんと考えているよ」と答えはしても、その言葉の後ろには（いつかはね）とか（本気で好きになった相手に出会えたらね）という心の声がくっついていることを女性の皆さんは現実として知っておくべきです。

見えないゴールに向かってお付き合いを続けるか、次のお相手とのマッチングを期待するか。選択肢はいろいろありますが、時間だけは待ってくれません。気づいたときには自分自身が年齢の壁に阻まれる日が来るかもしれないことを頭の片隅に置いて、期限を設けてなるべくベストな選択をしたいものです。

一方、結婚相談所における活動においては、10人に申し込んでもお見合いが成立するのは男女問わず平均1件のみです。マッチングアプリでは10人にいいねを押したら、女性

というだけで半数以上の男性とマッチングできるのですから、結婚相談所に入った際はシビアな現実に打ちのめされることもあるでしょう。そこからプレ交際に進むのは3割ほどで、真剣交際となるとさらに確率はぐっと狭まります。合法的に複数同時交際ができることをメリットととらえ前向きに活動でき、今は仕事より婚活！土日は婚活に捧げる！という意気込みを備えて活動できる方々は成婚退会も早いです。

ただ、マッチングアプリのように片手間で出会いを求めるスタンスでは厳しい世界ですし、ワンチャン奇跡のような出会いを期待している方にとっては無駄に何年も時間が過ぎていくことも大いにある世界です。そもそもお金を投じて人と出会うことに抵抗のある男女は今も一定数いらっしゃいますし、「結婚相談所はお金がかかる」という認識が根強くあるのも事実です。価値観は人それぞれです。

条件ありきで始まる出会いであったとしても、その先にあるのはごく普通の恋愛から始まる結婚です。安心できる、あなたにふさわしい出会い方を見つけてください。自分自身が「この人と結婚したい」と選ばれる側になれたなら、どの婚活ツールであっても幸せをつかみとることはできるのです。

［ステップ5］　本当の自分の価値を正しく知る

結婚相談所へ入会した方からは、よくこのように言われます。

「マッチングアプリは女性無料、男性は会費数千円ですが、既婚者が紛れ込んでいたり身体目的な人がいたりして、ある意味無法地帯だったなと。その点、結婚相談所は初期費用が高額ですが、年収も含めて自分の素性をつまびらかにしている人が9万人以上もいるわけですよね。そう思うと費用は安心とか安全の担保だと思えます」

結婚相談所の詳しい内部事情を知らずして、「結婚相談所とかダサい、モテない男女の集まり」などとおっしゃる声はまだまだ聞こえてきます。ただ現実として、質の良い結婚相談所運営が増え続けるなか、アラサー世代の男女の入会もまた、日々どんどん増え続けています。実際、私の相談所では効率重視な若い世代の会員さんがほとんどです。深夜残業や休日出勤が当たり前だった時代はとっくの昔に終わり、コロナ禍以降、働き方改革も加速してフレックスやリモートをうまく活用する世の中へと変化しています。特に若い世代の方々は自分がやるべきタスクをきちんと遂行したらそれでOKという本来あるべき働き方に意義を見いだしタイパを重視する傾向が強いとも感じます。

タイパ志向な時代の出会いのプロセス

恋愛においても好きになれるかどうかも分からないお相手にひたすら会い続けることに価値を見いだせず、むしろ会うまでのコミュニケーションが面倒くさいと感じる人も増えてきているように思います。

それでも出会わないことには始まらないからとマッチングアプリを始めたところ、自分だけは引っかからないと思っていた既婚者にまんまと騙されてしまったとか、とても美人な女性が最終的にはマルチ商法や投資詐欺を勧めてくるなどの痛い経験をしたら、結婚相談所もアリなんじゃない？と考えるようになったという流れが確実に現れ始めました。ここ1年くらいでさらにその流れは勢いを増し、特にアラサー世代の会員数は3年ほど前の4倍以上の勢いで増え続けています。

私が起業してもうすぐで2年が経とうとしています。それ以前は大手結婚相談所で統括店長も務めてきましたが、会員さんもまた、ここ数年で雰囲気が変わってきたなと感じます。かつての結婚相談所のイメージには結婚できない人の最後の砦だとか、モテない男女の集まりといったネガティブな偏見がありました。それについて私は納得してはいませんが、世論としては認めます。

ただそうした意識が根強い人たちが、昨今の実際の会員一覧をご覧になったら驚かれると思います。清潔感のあるシュッとしたイケメン男性、華やかでかわいい女性が本当にたくさんいらっしゃいます。そのうえ彼、彼女らは皆さん仕事を頑張っていて、結婚後はできれば共働きしたいという男女がほぼ9割です。意識高く生きながら、必ず結婚につながる真面目な出会いを求めて結婚相談所の門を叩いてこられるのです。

結婚相談所は入会にあたって公的な書類をいろいろと用意しなければなりません。最新の源泉徴収票や確定申告書、所得証明書など収入を証明する書類をはじめ、独身証明書、最終学歴証明書などの取り寄せが必要となります。

そのため最初の手続きは若干面倒に思えるでしょうが、信頼ある出会いを維持できているのは、こうしたルールをすべての会員さんが当たり前に守ってくださっているおかげです。アプリなどにおける疑心暗鬼な恋愛に疲れた方、また長年お付き合いした異性との別れを経験した方などが、入会金の支払いや諸々の書類集めというハードルを乗り越えて、結婚相談所に誠意ある出会いを求めに来られているケースが今もなお増え続けています。

結婚相談所は有限な時間を無駄にせず、心も体もすり減らしたくない方が効率よく婚活するために選ぶツールになりつつあると感じます。今はSNSの影響もあって、結婚相談所って実は意外とイケてるのでは？というように若い世代のとらえ方がポジティブになってきたこともあり、毎日多くの会員さんが新規会員さんとして活動されています。「IBJ」における毎月の新規入会者数はいまや常時3000人を超えるようになりました（2024年12月の新規入会者数は5585名）。

本気の婚活は短期決戦&体力勝負

結婚相談所の魅力は出会える人数の多さにもあります。日本最大級の結婚相談所ネットワーク「ＩＢＪ」の正規加盟店であれば、会員登録者が９万４７６３人（２０２４年９月時点）もいますから、理想の条件をすべて検索項目に入れたとしても、一都三県ですと何百人〜何千人単位の方々が上がってきます。「いいかも」「タイプかも」と思った方にはどんどん積極的にお見合いを申し込むのが結婚相談所でのセオリーです。１００人に申し込んで7〜8件のお見合いが成立するのが業界平均ですので、私の相談所では「まず最初の月に40人には申し込んでみてくださいね」と会員の皆さんにお伝えしています。

異性から申し込みが来ることを結婚相談所では「お申し受け」といいますが、お申し受けが来たら、その中から会いたい方にだけＯＫすればお見合いが成立します。こちらから申し込んでいた数十人の中からマッチングしたお相手とのお見合いもありますから、多い人で初月に約10〜12人ほどとお見合いをする計算になります。

お見合いの日程調整は相談所の担当カウンセラーもしくは日程調整担当者が行います。

シフト制のお仕事の方であっても、平日夜などをうまく利用されて皆さん上手にお見合いをこなされています。

「しばらくの間、土日はお見合いするって決めました。○月○日は午前と午後のダブルヘッダー頑張ってきます！」くらいの意気込みで、皆さん頑張っていらっしゃいます。

すべての出会いを無駄にしないための、お見合いの際の「婚活写真を再現する」ミッションやヘアセット、メイクなども板につき、こなれた感じが身についてきた頃には、あっという間にひと月が過ぎています。

婚活は本気であればあるほど、最初のうちは体力勝負になります。多ければ月に8～10件のお見合いをすることになりますから、入会したてのうちはそんな怒涛のスケジュールに疲れてしまう人もいます。慣れないことに時間を割くのは、誰しも気疲れしてしまうのが普通です。ですが、だらだらと長い時間を浪費することなく短期決戦を意識すれば、それだけいい出会いも増えるのです。自分がいいなと思った人やいいと思ってくれた人と効率よく安心感をもって会えるというのは、ほかの婚活ツールにはないメリットだといえるでしょう。そうしたなか、我々カウンセラーはなるべく時間をかけすぎずに婚活を終えられるよう、一人ひとりに寄り添い成婚退会までをサポートしていくのです。

婚活疲れや心が折れそうになったときこそ寄り添ってサポート

会員の方々を見ていると、モチベーションの高さは入会時が最高で、そこから1～2カ月は頑張れますが、お見合いラッシュも落ち着く3～4カ月目頃に入ると当初のモチベーションは徐々に下がっていきます。気に入った相手とプレ交際になったものの、会っていくうちにお相手の良くない部分が目につき始めたり、反対に真剣交際を考えていたお相手から急に交際終了されてしまったりするのもこの時期なのです。こうしたエアポケットに入る瞬間が、婚活中はほぼ誰しもに訪れます。そうなったときに少し検索条件を変えてみるとか、自分自身で方向性を立て直せる方は強いですが、正直そんな方々は滅多にいらっしゃいません。真面目に活動している人ほど婚活疲れを起こすこともあります。そこを立て直すべくサポートすることもまた、私たちカウンセラーの仕事です。

自分の長所がなんなのか分からなくなり自信喪失してしまったり、結婚相手に求めるものが何か分からなくなったりしたときこそ、カウンセラーに相談してほしいと思います。

結婚相談所で活動を始めてしばらくは、私の会員さんにはあえて好きに活動してもらっています。自分の希望条件に合う人とお見合いを繰り返し、出会いや別れを経験していくなかで、さまざまな悩みに直面されます。本当に自分が結婚相手に求めていることが分からなくなってきた頃、あるいは、活動しながらなぜか中途半端なところで終わってしまい成婚までたどり着かないという悩みを抱えた時こそ、カウンセラーの必要性を感じることでしょう。

カウンセラーは、一人ひとりの活動状況をこまめに見ながら、つまずきの原因をほぼ把握しています。基本、褒めてほしいタイプの方は、私の相談所ではちょっと厳しいと感じるかもしれません。成功体験も失敗も経て、その間にも報連相をきちんとカウンセラーにすることにより、カウンセラーの言うアドバイスどおりにやってみようという気持ちになるかと思います。アドバイスを素直に受け入れてくれる人がいる半面、良い人がいないので、申し込みたい人がいないと言う人もいます。本当は会いたい人に会えなかったり、良いなと思ったお相手にはプレ交際中に交際終了されたりすることで、これ以上やってもいい人には会えない気がするという気持ちになるのだと思います。でもだからこそ、理想に近しいお相手と交際を継続するためにはどうすればいいかを定期面談などで一緒に探っていくのです。

普段からＬＩＮＥにて悩みやご質問にも対応するだけでなく、私の相談所では月に一度定期面談としてオンラインでじっくりお話をする時間も設けています。オンライン上であっても顔を見て話すことで会員さんのちょっとした気持ちの機微や表情の変化も見逃さないようにするためです。要は病気が発覚する前の「健康診断」が定期面談だととらえています。

こうして会員の皆さんと信頼関係を築いていくことで柔軟なサポートができますし、時には耳の痛いアドバイスをしても、受け入れてもらえているのではないかと思っています。

当たり前ですが、会員さん一人ひとり性格が異なり、強みや弱点も人それぞれです。強みは伸ばして弱点は補っていけるよう、さりげなくサポートしていくのが私の仕事です。

もちろんカウンセラーに任せっきりですとか、依存状態になってはいけませんので、自分で考える力も身につけてほしいと思っています。結婚してからは、何か問題が起こったときにカウンセラーはいません。きちんと夫婦で話し合い、ともに解決する能力を育む必要があります。婚活は楽しいものというより、どちらかというと本気で取り組むほど必ずと言っていいほどつらくなるときがあるのです。ですがそういう経験を乗り越え、カウンセラーのアドバイスを実行に移していくことで、自然と人間力が上がり、コミュニケーション能力や察する力も徐々に養われていきます。諸々努力し、やり切った頃には自然と運命のお相手と出会える。それが結婚相談所での婚活の醍醐味ではないかと思っています。

エピローグ

成婚へたどり着けないでいるあなたへ

「なぜ自分はうまくいかないのだろう」

婚活中は誰もが一度や二度はそんな思いに駆られます。婚活ツールは今もなお多様化しており、簡単に異性と会える時代です。それにもかかわらず結婚に至らない人が多いのは、出会いの数がどれだけ増えたところで本物の幸せをつかみとるには、自分では気付けていない改善点を改めたり、お相手との接し方へのちょっとした工夫やコツを学んだりすることなどがまだまだ足りていないからだと思います。

ほかの結婚相談所ではお見合いが数件しか組めなかった方が、私の相談所に入り直した結果、たった2カ月強でご成婚されたこともありました。一見同じ結婚相談所というサービスに見えても、カウンセラーとの相性やプロデュースの仕方、どう進めていくべきかの方針は実にさまざま。ご自身と相性の合う結婚相談所を選ぶことで、初めて幸せなご成婚へとともに歩を進めることができるのです。

一人で婚活に打ち込んでいると間違ったやり方に気づかないまま失敗を繰り返し、そのうち行き詰まって自信を失い、一生結婚しなくてもいいやなどと極論を考えたりもしてしまいます。

「なぜ自分はうまくいかないのだろう」そう思い悩んだとき、利用している婚活サービスを別のものに変えてみたり、自己流の婚活をやめて結婚相談所といった婚活のプロに頼ってみるのも一つの手段だと思い切って考えを前に進めてみると良いと思います。特にカウンセラーが入会から成婚まで伴走する仲人型の結婚相談所では、プロフィールの作成やご自身をより良く魅せる外見のプロデュースをはじめ、交際相手との接し方まで、具体的なアドバイスがたくさんもらえます。食わず嫌いをせずに試す価値のある婚活ツール、それが結婚相談所です。むしろ今の時代だからこその結婚相談所だと、心からそう思っています。

誰しも諦めることはいつでもできます。その前に、自分が本当に結婚したいのかどうかを心に聞いてみてください。そこでやはり結婚したいと思うのであれば、必要な書類を集め、きちんとした婚活写真を撮り、ひと月に10件のお見合いをこなし、自分なりの精一杯の力を尽くしてみてください。そのとき、今までとは全く異なる景色が見えてくるかもしれません。それでも「やっぱり自分は結婚に向いていない」と思うのであれば、それもまた人生です。

時間の経過は誰にでも平等で、今日があなたにとって一番若い日です。中途半端に自己流婚活を行った結果、「もうやめよ！」と嫌になっても、男女問わずいずれまたこの先本能的に家庭や子どもが欲しくなる人もいます。そのときになって後悔しないよう、一番若い自分であるうちに思い切って垣根を越えてみましょう。

婚活のコツやテクニックを正しく学びさえすれば、幸せな成婚への道は決して遠くはありません。

婚活する人が結婚に求める最終地点

私の相談所は、入会面談から成婚までのサポートを一貫して私自身が行っています。その分ご入会いただける会員数には限りがありますが、一人ひとりに手厚いサポートを提供できていると自負しています。この仕事を長く続けていると、理想の結婚相手について一つの真理に到達します。それは、一緒にいてお互いに自然体かつ楽でいられること、そしてその人と一緒にいるときの自分が好きだと思えることです。

男女問わず、こう感じられるお相手こそが、本当に幸せになれる結婚相手なのではないかと強く感じます。

100%相性が合う人はなかなかいないと思いますが、弱いところを受け止め合い、お互いの気持ちを素直に伝えられ、許しあえる関係はとても心地のよいものです。

結婚相談所で出会ったお二人は、出会ってから成婚退会に至るまでにいろいろお話しし、デートを繰り返すなかで結婚後のイメージや価値観をすり合わせていくので、一般的な恋愛のように、結婚後「こんなはずじゃなかった」というようなことは余程のことがない限り起こりにくいです。残念ながら約3分の1のご夫婦が離婚されていく現代において、結婚相談所で出会った夫婦の離婚率は1割未満であるといわれています。結婚を勢いや惰性で決めないことや、お互い将来の結婚観をしっかり話し合ったうえで、この人とならと決める結婚がゆえにそのようなデータが出てくるのでしょう。

その人といるとき楽しくて、またすぐにでも会いたくなりますか?

その人といるときの自分のことは好きですか?

結婚相手として大事なこと、それはその人と一緒にいると自己肯定感まで上がる人です。

お互いがそんな気持ちになれるお二人に、怖いものはもう何もありません。

会員と相思相愛でありたい婚活カウンセラー

男女をご成婚へと導くお手伝いをしながら、会員さんたちの不安を一つひとつ取り除くこともカウンセラーの大事な役割です。毎日のように不安やお悩みをLINEで送ってこられていた会員の方々が真剣交際に入るとほとんど連絡をしてこなくなるのはあるあるなのですが、それに気付くたびご卒業間近なのだなぁという感慨や、手を離れていくわずかな寂しさ、そしてそれをはるかに上回る喜びを味わっています。

日頃から思っているのは、会員の方々と相思相愛でありたいということです。私の相談所へ入会してもらったすべての方に対して「この人は結婚できないだろうな」と思ったことは、これまで一度もありません。幸せなご夫婦が誕生し、いずれお子さんを授かることもあります。きれいごとでもなんでもなく、そういったうれしいご報告をもらうたび、私自身もこの上ない多幸感に包まれます。

婚活カウンセラーは私にとって天職だと思っています。今後も、結婚そのものがゴールではなく、結婚することでより幸せな未来へ進めるようなサポートをしていきたいと思います。

婚活が成功する人がもつ4つの力

これまで本当にたくさんの方々のご成婚を見届けてきました。さまざまな男女に寄り添うなかで、婚活がうまくいく人といかない人との差が何なのかと考えたとき、これからお伝えする4つの力を持つか持たないかの違いではないかという結論に達しました。それは決して難しいことではなく、誰でも心がけ次第で取り入れられることです。

●1つ目　逆算力

結婚という目標に向けて、逆算で動く思考のことです。

婚活はただ闇雲に動けばいいというものではありません。自分できちんと設定したゴールから逆算し、何カ月後にはどういう自分であるのかを計画立てて進めていくということが大切です。結婚相談所であれば、数カ月後には2、3人とプレ交際をして、そのうちの一人と数カ月後には真剣交際に移る、その数カ月後にはプロポーズする・されるということです。

そのように明確に立てた目標のもと、逆算して自ら積極的に動く力がある人がいち早く幸せなご成婚をつかみ取ります。

●2つ目　選ぶ力

自分に合う異性を見極める力のことです。

婚活においては、捨てる作業が必要となります。捨てるというのは、自分の中で異性に対してこだわっている部分が、果たして本当にあなたにとって譲れない部分であるのかを考え、そうでない場合には、そのこだわりをやめることです。柔軟性のある人ほど捨てる作業が早いです。

婚活を始めた当初は、誰もが漠然とした「こんなお相手が良い」という理想を持っています。外見や学歴、年収、性格……プロフィール上では希望の条件をクリアしているお相手であっても、実際に会ってみたり、いざ交際が始まると「あ、違うな」と思ったりすることは正直少なくないと思います。あなたが感じた「違う」という部分を自然と補うことができる人があなたにとって本当に相性の良いお相手であり、条件だけでは測り得ないご縁なのです。

プロフィールの印象や数字だけで判断してすぐ切ってしまおうとせず、どのような人からのお申し受けもいったん前向きな気持ちで見るようにしてみてください。自分が掲げる理想や条件と見比べてみて、ここはちょっと違うけど、でも何かピンと来るかもと感じた異性とご成婚されるケースは実は少なくないのです。

●3つ目　選ばれる力

自分が希望する条件の異性から、あなた自身が選ばれる力のことです。

私が見ている限りでは、これができていない人がかなり多い印象です。「まずは外見を整えたほうがいいのに」という人がそこは問題視せず、やたらとコミュニケーション能力を強化しようと頑張っていたり、はたまたコミュニケーション能力や愛される雰囲気、穏やかさや男性らしい包容力など、内面の努力が足りないため真剣交際へと進めないのに、なぜか外見磨きばかりに注力していたりする人もいます。

あるいは、明らかに自分と合わないタイプの異性を追いかけていることが一番の問題なのに、その点は意識もしようとせず、好条件で人気のある異性を振り向かせることばかりに執着し、気がつけば年月だけが過ぎてしまっている人もいます。

方向性を間違えると、婚活は詰みます。例えばその明らかに人気層の異性が本当にあなたにとっての最適解なのか、視点を変えてよく考えてみる必要があります。迷ったときや進まないときこそ、どうすべきかをカウンセラーに素直に聞き、アドバイスを素直に実践できる人がご成婚していかれます。

●4つ目　継続力

感情に左右されることなく行動し続ける力のことです。

さまざまな人の成婚談がSNSから流れてきます。それを読んで、「出会って3カ月で結婚って早!」「なんでそんなに簡単に結婚できるの?」「婚活に行き詰まっているのって、僕だけ?　私だけ?」といった焦りを感じることは誰にでもあることです。

実際、婚活に臨むすべての人が必ずしも短期間で成婚していくわけではありません。最終的にご成婚していく人に共通しているのは、腐らない、コツコツと続ける、結婚相談所の会員さんであればなるべく休会しないで、少しでも歩を前に進め続けるといったことです。そうしたブレない胆力がある人は、結婚後も幸せな家庭を営める方が多いと感じます。

婚活は決して楽しいことばかりではありません。真面目に取り組めば取り組むほど、自分自身と向き合わなければなりません。先が見えず、足踏み状態になることもあるでしょう。自信を失って心が折れたり、諦めたくなったり、結婚相談所であれば、もう休会したい、もしくは辞めてしまいたいと思う時期はほぼ誰にでも必ずやってきます。ですが、その辛い時期を乗り越えた先にはちゃんとご褒美が待っているのです。

婚活に臨むすべての人に幸せな結婚をつかみとっていただきたく、今回はプロの視点から6つに分けてレッスンを指南させていただきました。初めて婚活に臨む人にも、また婚活で行き詰まっている方にも打開策のヒントになるよう少しでもお役に立てたらと思って書いています。

婚活は孤独な闘いのようですが、必ずしもそうではありません。結婚相談所では、カウンセラーもまた試行錯誤しながら婚活に臨む人たちに寄り添い、良い出会いやご縁に向かって伴走しています。あなたは一人ではないことを、どうか忘れないでください。

結婚したい。

そう思った瞬間がまさにあなたの結婚適齢期です。今、婚活で悩んでいるすべての人にこの本が届き、少しでもあなたのお役に立つことを心から願ってやみません。

金山恵美子

金山恵美子（かなやま　えみこ）

福岡県生まれ、徳島県育ち。青山学院大学国際政治経済学部を卒業後、株式会社プリンスホテルで従事したのち、日本航空株式会社に入社。結婚、出産、離婚を経て、大手結婚相談所に勤務し、全国支店の統括店長を歴任。その後、IBJ成婚率70％優良相談所にてチーフカウンセラーとして活躍（2021年1～12月の男性成婚率92・8％、女性成婚率74・2％／個人成績）※成婚率＝全成婚退会者数÷全退会者数。独立後、スキル売り買いアプリ「ココナラ」における婚活ジャンルにて第1位獲得（2022年6月～2023年）。大手相談所の立ち上げに参画し、EXマネージャーとしての教育指導経験。2023年3月IBJ正規加盟店「トロワアンジュ」を開業。2023年度、2024年度IBJ Award Premium 連続受賞中。

本書についての
ご意見・ご感想はコチラ

ハイスペなのに選ばれない男子　美人じゃないのに選ばれる女子
幸せをつかみとる婚活Lesson

二〇二五年三月一七日　第一刷発行

著者　金山恵美子
発行人　久保田貴幸
発行元　株式会社　幻冬舎メディアコンサルティング
〒一五一-〇〇五一　東京都渋谷区千駄ヶ谷四-九-七
電話　〇三-五四一一-六四四〇（編集）
発売元　株式会社　幻冬舎
〒一五一-〇〇五一　東京都渋谷区千駄ヶ谷四-九-七
電話　〇三-五四一一-六二二二（営業）
印刷・製本　中央精版印刷株式会社
装丁　弓田和則

検印廃止

Printed in Japan　ISBN 978-4-344-94888-4 C0236
幻冬舎メディアコンサルティングHP　https://www.gentosha-mc.com/